ÉTUDE

SUR LE

CONTRAT D'ASSURANCE

CONTRE LES ACCIDENTS

PAR

E. PAGOT

PRIX : **10** FRANCS

PARIS

L. WARNIER & Cⁱᵉ, IMPRIMEURS-ÉDITEURS

30, RUE LE PELETIER, 30

—

1896

ÉTUDE

SUR LE

CONTRAT D'ASSURANCE

CONTRE LES ACCIDENTS

PAR

E. PAGOT

PARIS

L. WARNIER & Cie, IMPRIMEURS-ÉDITEURS

30, RUE LE PELETIER, 30

—

1896

AVERTISSEMENT

Cette étude sur le contrat d'assurances contre les accidents a commencé à paraître au mois de février 1893 ; nous y avons relevé les diverses décisions judiciaires se rapportant aux questions que nous étions successivement appelés à traiter.

Depuis, de nouveaux arrêts, de nouveaux jugements sont intervenus, qui ont pu soit confirmer, soit modifier la jurisprudence que nous avons ainsi fait connaître. Nous ne pouvons ni ne voulons reprendre, l'un après l'autre, chacun des points dont nous nous sommes occupé ; il nous semble préférable d'engager nos lecteurs à se reporter aux revues de jurisprudence qui ont paru dans le *Moniteur des Assurances* des 15 juin, 15 décembre 1893 ; 15 juin, 15 décembre 1894 ; 15 juin et 15 décembre 1895 : ils seront ainsi au courant des diverses phases par lesquelles a pu passer la jurisprudence ; et nous éviterons de nous livrer à un véritable travail de Pénélope, dont chacun serait exposé à ne jamais voir la fin.

E. P.

Janvier 1896.

ÉTUDE

SUR LE

CONTRAT D'ASSURANCE

CONTRE LES ACCIDENTS

INTRODUCTION ET GÉNÉRALITÉS

Le *Moniteur des Assurances* a déjà publié une série d'études très intéressantes sur le contrat d'Assurance-Vie et sur le contrat d'Assurance-Incendie (A. D. Lux, Étude critique des conditions générales des polices d'assurance sur la vie : *Moniteur*, années 1888 et suiv., p. 162 et suiv.; — C. Oudiette, Étude juridique sur le contrat d'assurance contre l'incendie : *Moniteur*, années 1888 et suiv., p. 504 et suiv.).

Le moment a semblé venu d'entamer une étude analogue sur le contrat d'assurance contre les accidents; et, sans avoir la prétention de faire aussi bien qu'a fait chacun de nos prédécesseurs dans sa spécialité, nous essaierons de faire connaître, à la fois dans ses généralités et dans les détails de son application, comme aussi dans ses rapports avec la jurisprudence, un contrat qui, pour être moins répandu que le contrat-incendie, ou pour s'appliquer, en général, à des sommes moins importantes que le contrat-vie, n'en a pas moins une utilité de premier ordre. Il est même appelé à prendre, avec les progrès incessants de l'industrie et du commerce, un développement de plus en plus considérable.

Pas plus que les autres contrats d'assurances, exception faite pour l'assurance maritime, qui fait l'objet de quelques dispositions du Code de commerce, l'assurance contre les accidents n'a été réglementée, en France, par la législation; c'est donc dans les termes mêmes des polices, dans les usages, et aussi dans la jurisprudence, déjà nombreuse, d'ailleurs, qu'il faut chercher les solutions des difficultés qui peuvent se présenter.

D'une façon générale, et après avoir constaté que l'assurance contre les accidents, dans ses diverses modalités, rentre dans la catégorie des « assurances terrestres », nous dirons, en nous en référant à ce que M. Oudiette *(ubi supra)* a dit du contrat d'assurance contre l'incendie, que le contrat d'assurance contre les accidents est : un contrat *consensuel*, la seule volonté des parties suffisant pour le *former*, sinon (au moins dans la pratique) pour le *constater ;* — un contrat *synallagmatique*, chacune des parties donnant ou s'obligeant à donner à l'autre quelque chose : l'assuré la prime, et l'assureur sa garantie ; — un contrat *aléatoire*, car, au moment de sa formation, chacune des parties ne reçoit l'équivalent de ce qu'elle donne ou de ce qu'elle promet de donner que sous la forme d'une chance à courir ; — un contrat de *bonne foi*, puisque, en ce qui concerne l'assuré, il a uniquement pour but de réparer une perte, et ne peut jamais être une cause de bénéfice ; — et, en même temps, un contrat de *droit strict*, en ce sens que, la plus légère circonstance pouvant agir sur le consentement de l'assureur et déterminer l'acceptation ou le refus du risque qu'on lui propose, l'assuré ne doit rien lui laisser ignorer de ce qui peut influer sur l'opinion de ce risque, et que la garantie promise doit être rigoureusement restreinte dans les termes du contrat.

Nous en aurons fini avec ces généralités quand nous aurons dit : 1° que l'assurance contre les accidents a pour but d'indemniser soit l'assuré lui-même ou ses ayants droit, soit la personne au profit de laquelle il a contracté, soit enfin les tiers, des conséquences pécuniaires d'accidents corporels ou matériels provenant du fait de l'assuré lui-même, de ses préposés, ou d'autrui, ou encore résultant de circonstances fortuites ; 2° qu'en matière d'assurance, l'accident peut être défini ainsi : un événement imprévu qui, produit par une cause fortuite, extérieure, violente et involontaire, occasionne des blessures ou la mort aux personnes qui en sont victimes, ou amène soit la détérioration, soit la perte des choses qu'il atteint.

DIVISIONS.

Les diverses combinaisons adoptées dans l'Assurance-Accident, telle qu'elle est actuellement pratiquée, sont les suivantes :

1° Assurance individuelle ;
2° Assurance collective ;
3° Assurance contre les accidents des chevaux et voitures ;
4° Assurance contre le bris des glaces ;
5° Assurance contre la mortalité du bétail ;
6° Assurance contre la grêle ;
7° Assurance contre la gelée.

Dans certains cas, et au moyen de conventions particulières, l'assurance individuelle ou l'assurance collective contre les accidents peut comprendre l'assurance contre les maladies ; c'est-à-dire qu'il peut être stipulé que l'assureur prendra à sa charge les frais de maladie résultant du travail habituel des personnes comprises dans l'assurance.

On désigne quelquefois sous le nom générique « d'assurance agricole », soit l'assurance collective appliquée aux ouvriers de l'agriculture, soit celles contre la mortalité du bétail, contre la grêle, contre la gelée, soit enfin une combinaison qui couvre plusieurs de ces risques auxquels sont seules exposées les exploitations agricoles.

En résumé, les diverses catégories d'assurances contre les accidents peuvent se ramener à deux divisions principales : 1° assurances contre les accidents corporels, comprenant l'assurance individuelle et l'assurance collective dans ses diverses applications ; 2° assurances contre les accidents matériels, comprenant tous les autres risques.

Nous nous occuperons d'abord des assurances contre les accidents matériels ; et, parmi celles-ci, nous traiterons en premier lieu de l'assurance contre les accidents des chevaux et voitures, qui est incontestablement la plus importante de toutes.

PREMIÈRE SECTION

ASSURANCES CONTRE LES ACCIDENTS MATÉRIELS

CHAPITRE PREMIER

Assurance contre les accidents des chevaux et voitures

Nous n'avons pas à faire ici l'historique de cette branche d'assurance ; rappelons seulement qu'elle est la plus ancienne combinaison de l'assurance-accident qui ait été exploitée en France, la première Compagnie qui ait garanti ce risque, et qui s'appelait « l'Automédon », ayant été créée vers 1825.

Avant d'expliquer les diverses subdivisions de cette branche et d'entrer dans les détails du contrat, nous devons dire (bien que cela n'ait plus guère qu'un intérêt historique) que la validité du contrat d'assurance contre les accidents des chevaux et voitures, au moins en ce qui concerne les accidents pouvant être causés aux tiers, fut, à une époque, très vivement contestée.

En 1844, un assuré de la Compagnie « l'Automédon », la première qui ait exploité cette branche, ayant confié à l'un de ses préposés deux voitures, l'une attelée, et l'autre simplement attachée à la première, un passant fut renversé par la seconde voiture, et succomba, peu de temps après, aux suites de ses blessures. L'assuré, en vertu de son contrat, réclama à la Compagnie le remboursement de l'indemnité qu'il avait dû payer à la famille de la victime. La Compagnie opposait à cette demande une fin de non recevoir tirée des termes de la police, et basée sur ce que la voiture, cause de l'accident, n'était ni attelée, ni conduite, et que les accidents causés par elle ne se trouvaient pas, par conséquent, couverts par l'assurance.

C'est dans ces conditions que l'affaire fut portée devant le Tribunal de commerce de la Seine. Celui-ci, au lieu de se borner à apprécier les conclusions qui lui étaient soumises, crut devoir porter son examen sur la validité même du contrat d'assurance, et le déclara nul par un jugement du 21 août 1844, dans lequel se trouvent, notamment, les motifs suivants : « Attendu qu'il s'agit d'une assurance contractée pour garantir l'assuré du préjudice à éprouver par suite des accidents qu'il peut occasionner ; qu'aux termes de l'article 1131 du Code civil, l'obligation sur une cause illicite ne peut avoir aucun effet ; qu'aux termes de l'article 1133 du même Code, la cause est illicite quand elle est contraire aux bonnes mœurs et à l'ordre public ; attendu que, s'il peut être permis de faire assurer les accidents qui peuvent arriver aux assurés, il est contraire à l'ordre public d'admettre une assurance pour les quasi-délits qui peuvent être commis par l'assuré ou par ceux qu'il emploie ; qu'il en résulte une excitation à l'incurie, et que le Tribunal ne saurait sanctionner un contrat de cette nature. »

Cette décision n'allait à rien de moins qu'à rendre impossible l'assurance *directe* contre les accidents des chevaux et voitures, et à la tuer, pour ainsi dire, dans l'œuf. Elle était, de plus, basée sur une appréciation évidemment erronée des choses ; aussi la Compagnie « l'Automédon », spécialement visée, n'hésita pas à interjeter appel de ce jugement, et demanda une consultation à quelques-uns des jurisconsultes les plus en renom de l'époque. Cette consultation, signée des grands noms de Pardessus (qui la rédigea), Duvergier, Chaix-d'Est-Ange, de Vatimesnil, Paillet et Philippe Dupin (qui l'approuvèrent), fit bonne justice de la singulière doctrine imaginée par le Tribunal de commerce de la Seine, et qui était, d'ailleurs, en contradiction avec sa jurisprudence antérieure. Il n'est pas possible de reproduire ici *in extenso* le très savant et très complet mémoire dont nous parlons ; nous sommes obligé de n'en donner qu'une analyse.

Après quelques considérations d'ensemble sur l'intérêt et la moralité de l'assurance en général, et, en particulier, de l'assurance contre les accidents des chevaux et voitures, qui donne aux victimes de ces accidents la certitude de recevoir intégralement et sans retard les indemnités auxquelles elles ont droit, la consultation distingue le cas, où l'accident est causé par une voiture conduite par les préposés de l'assuré, et celui où il est produit par une voiture que conduit l'assuré lui-même.

Dans la première hypothèse, la validité du contrat d'assurance ne semble pas contestable aux auteurs du mémoire. Les lois françaises ne contenan t aucune disposition relative aux assurances terrestres, on est obligé de s'en référer à la doctrine et à la jurisprudence qui, depuis longtemps, en matière d'incendie, par exemple, ne mettent plus en doute la validité de l'assurance contre les risques locatifs. Mais le Code de commerce réglementant d'une façon précise les assurances maritimes, la consultation trouve, dans l'article 353 de ce Code, un argument tout à fait catégorique. Comment peut-on contester au propriétaire d'une voiture le droit de se faire assurer contre les conséquences pécuniaires des accidents causés par sa voiture confiée à la conduite d'un de ses serviteurs, quand la loi autorise expressément l'armateur à s'assurer contre les suites non seulement des fautes du capitaine préposé à son navire, mais encore de ses *prévarications*, c'est-à-dire de la baraterie de patron? Les deux cas sont absolument assimilables, et l'on ne s'explique pas comment, la loi autorisant l'assurance dans le premier, la jurisprudence ou la doctrine voudraient l'interdire dans le second. Il faut, d'ailleurs, remarquer que l'assurance contre les accidents des chevaux et voitures n'a pas pour effet d'exonérer les auteurs directs de ces accidents des peines d'emprisonnement et d'amende que prononcent contre eux les lois correctionnelles et de police : les contrats excluent toujours l'amende de la garantie de l'assureur ; quant à la prison, il n'y a même point à en parler.

Une autre observation que nous devons ajouter de suite, c'est que, depuis longtemps déjà, les Compagnies d'assurance font, en cas d'accidents causés aux tiers, payer aux conducteurs des voitures une somme variant de 5 à 20 francs par accident, et presque toujours plus élevée quand il s'agit de blessures causées à une personne que quand il s'agit d'avaries occasionnées aux choses. Ce « versement », imposé au cocher ou charretier, et que les Compagnies recommandent expressément à leurs assurés de faire supporter à leurs préposés, constitue une véritable pénalité, dont la crainte suffit très souvent pour engager à la prudence les conducteurs de voitures, et pour éviter les accidents. — En résumé, prison, amendes prononcées par les tribunaux, versements imposés aux cochers et charretiers, voilà, semble-t-il, beaucoup de raisons pour disculper l'assurance contre les accidents des chevaux et voitures du reproche qu'on lui a adressé « d'exciter à l'incurie », et dont l'expérience a, d'ailleurs, fait justice.

En ce qui concerne les accidents causés par les voitures que conduisent les assurés eux-mêmes, les auteurs du mémoire ne sont pas moins formels pour reconnaître la parfaite validité du contrat qui a pour objet de les couvrir. D'abord, en droit, il est bien entendu que l'assurance ne peut garantir que contre les conséquences pécuniaires des *quasi-délits*, c'est-à-dire des faits qui, sans doute, auront matériellement nui à quelqu'un, mais qui auront été commis sans malignité, sans dessein de nuire, et seulement par simple imprudence. Et ici encore s'applique absolument l'assimilation avec la garantie contre les risques locatifs, en matière d'incendie : « La jurisprudence a reconnu qu'un locataire pouvait licitement se faire assurer contre la responsabilité à laquelle les articles 1733 et 1734 du Code civil l'astreignent envers le propriétaire ; et cependant cette responsabilité est fondée sur la volonté de la loi qui le considère comme cause d'incendie, tant qu'il ne prouve pas le contraire ; et cependant l'assurance se trouve, en définitive, faite contre les conséquences d'une faute réputée être personnelle à cet assuré. Quelle différence pourrait-on trouver entre ce cas et celui du propriétaire de voiture qui, involontairement, blesse quelqu'un ?... L'un et l'autre sont en faute, mais en faute qui, d'après les circonstances, n'est pas déclarée être un délit. (Remarquons, du reste, que quand il y a un délit constaté, l'assurance cesse de produire ses effets, car elle ne couvre que les conséquences des faits *involontaires*). Si le locataire peut licitement se faire assurer contre les dommages auxquels la loi l'assujettit, le propriétaire, conducteur de sa voiture, peut être licitement assuré contre les dommages-intérêts auxquels le tribunal l'a condamné. Il n'y a pas plus dans un cas que dans l'autre d'excitation à l'incurie. »

Ensuite, en fait, la police d'assurance contre les accidents de voiture exclut un certain nombre de cas qui peuvent survenir par l'effet de l'incurie ou du fait volontaire de ceux qui conduisent leurs voitures ; puis, l'amende est également exclue de la garantie, comme étant une peine de la loi. Enfin, et ce point est capital, cette garantie même n'est pas illimitée : elle est fixée à un chiffre moyen, 3,000 ou 4,000 francs, par exemple, au delà duquel l'assuré n'est plus couvert ; de telle sorte que celui-ci, qui ne peut deviner à combien s'élèveront les condamnations résultant de son imprudence, et si elles ne seront pas plus considérables que la somme assurée, cas dans lequel l'excédent resterait à sa charge personnelle, est excité par son propre intérêt à être vigilant et à éviter les accidents.

Il n'est pas sans intérêt, en terminant, de signaler une ordonnance de police du 23 août 1821, aux termes de laquelle, à compter du 1er janvier 1822, tout cocher, soit de carrosses, soit de cabriolets, de l'intérieur ou de l'extérieur, employé par des loueurs de voitures de place, devait remettre, chaque jour, entre les mains de son maître, 20 centimes prélevés sur son salaire ; le produit de cette retenue devait servir à former une masse sur laquelle il resterait constamment en dépôt une somme de 60 francs, destinée exclusivement au paiement des amendes pouvant être prononcées contre lui par les tribunaux et à *la réparation des dommages provenant de son fait*, et régulièrement constatés. N'est-ce pas là, en définitive, l'embryon d'une assurance qui n'existait pas encore, et qui est peut-être née de cette ordonnance elle-même ?

Donc, en résumé, l'assurance contre les accidents de voitures est absolument valable, soit qu'elle s'applique au cas de voitures conduites par des préposés de l'assuré, soit qu'elle s'applique au cas de voitures conduites par celui-ci en personne. C'est, d'ailleurs, ce que le Tribunal de commerce de la Seine, mieux inspiré que dans son jugement du 24 août 1844, avait lui-même reconnu par une décision du 11 août 1841, et qu'il reconnaissait encore par deux autres décisions des 16 et 18 décembre 1844. C'est aussi dans ce sens que s'est prononcée la deuxième chambre de la Cour de Paris, qui, saisie de l'appel du jugement du 21 août 1844, l'a infirmé par un arrêt du 1er juillet 1845, ainsi conçu (Dalloz, *Recueil périodique* 1845, deuxième partie, p. 126) : « Considérant que les contrats d'assurances, comme obligations civiles, sont de droit commun ; qu'ils ont, en effet, pour but la réparation de dommages pécuniaires ; que les assurances ne peuvent être prohibées sur le fondement qu'en certains cas elles pourraient provoquer les assurés à commettre des délits ou quasi-délits ; que les délits, non plus que la fraude, ne se présument pas, et qu'un contrat ne peut être interdit par la prévision d'un événement exceptionnel, dont l'appréciation, d'ailleurs, demeure toujours soumise aux tribunaux ; — considérant que les délits par imprudence ou maladresse ne peuvent trouver une facilité plus grande dans l'existence des assurances contre les risques pouvant résulter d'accidents causés par les voitures, risque formant l'objet de l'entreprise dite « l'Automédon » ; qu'en effet, la sûreté publique trouve une garantie suffisante, soit dans les dispositions du Code pénal, dont l'application ne cesse pas d'avoir lieu, indépendamment de tout contrat d'assurance, ainsi, d'ailleurs, que l'annonce formellement la police d'assurance dont il s'agit au procès ; soit par les stipulations de ladite police, suivant lesquelles, en cas d'accident, il ne peut résulter pour l'assuré aucun bénéfice quelconque, mais le simple remboursement des sommes qu'il aura payées à titre de dommages-intérêts ; qu'ainsi, il n'y a lieu de s'arrêter au moyen de nullité... »

La question a donc été dès lors tranchée d'une manière très nette et très précise, et nous ne croyons pas qu'elle se soit de nouveau présentée devant les tribunaux.

<h3 style="text-align:center">§ 1er. — ASSURANCE CONTRE LES ACCIDENTS CAUSÉS AUX TIERS</h3>

(Assurance directe)

L'assurance contre les accidents des chevaux et voitures comporte deux subdivisions : 1° l'assurance contre les accidents pouvant être causés aux tiers par les chevaux et voitures de l'assuré; 2° l'assurance contre les accidents éprouvés par les chevaux et voitures de l'assuré.

Nous nous occuperons d'abord de la première combinaison, appelée généralement *assurance directe*, qui couvre les accidents de toute nature causés aux tiers, garantissant les réparations civiles dont l'assuré peut être tenu par suite des accidents que ses voitures attelées ou ses chevaux, conduits par lui ou ses préposés, causent aux tiers sur la voie publique ou dans tout autre lieu accessible aux voitures.

Pour ce contrat, comme pour les autres, dont l'étude suivra, nous examinerons successivement les obligations de l'assuré et les obligations de l'assureur.

A. — Obligations de l'assuré.

Objets assurés. — Dans *l'assurance directe,* la somme *maxima* garantie sur chaque sinistre par la Compagnie assureur est stipulée dans la police, et c'est sur l'importance de cette somme qu'est calculée la prime, pour la fixation de laquelle il est, en outre, tenu compte du nombre de chevaux attelés, de la forme de la voiture, de la profession de l'assuré, en un mot de toutes les circonstances qui peuvent faire exactement apprécier la garantie du risque.

La première obligation qui s'impose à l'assuré, au moment où il contracte, est donc de déclarer exactement à l'assureur le nombre de chevaux et de voitures qu'il met ou peut mettre en circulation ; la prime, en effet, doit être proportionnée aux risques, et c'est à l'assuré à faire la déclaration exacte de ces risques. Le principe de cette obligation se trouve ainsi formulé dans l'article 348 du Code de commerce : « Toute réticence, toute fausse déclaration de la part de l'assuré, toute différence entre le contrat d'assurance et le connaissement, qui diminueraient l'opinion du risque ou en changeraient le sujet, annule l'assurance. L'assurance est nulle même dans le cas où la réticence, la fausse déclaration ou la différence n'auraient pas influé sur le dommage ou la perte de l'objet assuré ». Cette disposition formelle s'applique non seulement au cas où l'assuré aurait fait, dès le principe, des déclarations inexactes ayant pour résultat d'induire l'assureur en erreur, de lui donner une fausse opinion des risques, mais encore au cas où, par la suite, il viendrait à modifier la nature des risques ; le consentement de l'assureur serait alors vicié et, par suite, nul, aux termes de l'article 1110 du Code civil.

Cette obligation est très nettement formulée dans les polices d'assurance contre les accidents de voiture, et l'on en comprend sans peine la nécessité. Supposons, en effet, un assuré qui n'a déclaré, et n'a fait comprendre dans sa police qu'une seule voiture, alors que, en réalité, il en met deux en circulation, un accident est causé par l'une d'elles; il demandera à la Compagnie de le garantir contre les conséquences de cet accident. Mais la

Compagnie, de son côté, sera parfaitement en droit de lui répondre :
« Pas du tout ! l'accident qui est arrivé a été causé par celle des deux
voitures qui n'est pas assurée ; je vous défie de me prouver le contraire ;
par conséquent, ma garantie ne vous couvre pas ; je ne vous dois
rien !... »

A cet égard, le droit de l'assureur, stipulé par la police, n'est pas contestable ; et il a été, d'ailleurs, consacré par de nombreuses décisions de la
jurisprudence (Voir notamment : *Pandectes françaises*, Répertoire,
V° *Assurances contre les accidents* n°s 511 et suiv. ; Tribunal civil
de la Seine, 29 novembre 1887, *Gazette du Palais*, 1888, 1, *suppl.* 90 ;
Tribunal de commerce de la Seine, 19 novembre 1861, *Journal des Assurances*, 1868, p. 22, Bonneville de Marsangy, 3e partie, p. 88 ; même
Tribunal, 13 décembre 1886, *Journ. des Assur.*, 1868, p. 205, Bonneville
de Marsangy, *ibid.*, p. 127 ; même Tribunal, 22 août 1866, *Journ. des
Assur.* 1870, p. 180, Bonneville de Marsangy, *ibid.*, p. 125 ; même
Tribunal, 16 août 1884, 11 mars et 29 octobre 1885, *Pandectes françaises*,
ubi supra, n° 530 ; *Droit* du 12 janvier 1886 ; Tribunal de commerce de
Nantes, 4 août 1888, *Phare de la Loire*, du 30 août 1888 ; etc.).

Ce n'est pas seulement le nombre total des voitures qu'il met en circulation au moment où il contracte la police que l'assuré doit déclarer à la
Compagnie ; c'est aussi l'augmentation que, par la suite, il apporte dans sa
circulation : dans les deux cas, en effet, l'intérêt de la Compagnie est le
même ; dans un cas comme dans l'autre, il y aurait, de la part de l'assuré
qui ne se conformerait pas à cette obligation, réticence et dissimulation ;
et les jugements que nous venons de signaler s'appliquent, sans distinction,
aux deux hypothèses.

Les nouveaux objets assurés doivent l'être aux mêmes conditions que les
premiers, notamment au point de vue de la prime à laquelle ils donnent
lieu ; si donc la Compagnie, depuis l'époque de la police originaire, avait
modifié ses tarifs en plus ou en moins, il n'y aurait pas à tenir compte de ces
changements dans la fixation de la prime due pour les risques ajoutés, l'une
ou l'autre partie, suivant les cas, étant en droit d'exiger l'application des
tarifs sous l'empire desquels a été conclu le contrat principal (*Pandectes
françaises*, n° 519).... à moins, bien entendu, de stipulation contraire.

En cas de déclaration incomplète à l'origine, ou en l'absence de déclaration spontanée d'augmentation, au cours de la police, c'est à la Compagnie
qui réclame un supplément de prime à établir les faits qui y donnent lieu ;
cette preuve, elle peut la faire soit par des procès-verbaux de constat, soit
par l'examen des livres de l'assuré, soit par l'aveu de celui-ci, soit par tout

autre moyen, et les tribunaux ont, à cet égard, un pouvoir d'appréciation très étendu.

Cette preuve une fois rapportée, la régularisation doit se faire au moyen de la signature d'un avenant qui comprend dans la police, et pour le temps en restant à courir, les nouveaux risques assurés, la prime y afférente devant être payée en même temps que l'avenant est signé.

Il faut aussi prévoir le cas où l'assuré refusera de se soumettre aux prescriptions du jugement que la Compagnie aura obtenu contre lui ; en vue de cette résistance, il est donc nécessaire de demander au tribunal d'impartir à l'assuré un délai maximum dans lequel il devra s'exécuter, sous peine d'une astreinte déterminée par chaque jour de retard, et de dire que, ce délai passé, le jugement à intervenir tiendra lieu d'avenant. Nous ne voyons pas, en effet, que les tribunaux puissent refuser de se prononcer dans ce sens, sous le prétexte, comme on l'a dit, qu'ils ne sont pas chargés de faire les contrats, mais seulement d'en assurer l'exécution. Il y a, au contraire, dans le mode de procéder que nous indiquons (et que le Tribunal de commerce de la Seine a maintes fois adopté) un moyen certain de procurer l'exécution d'une prescription judiciaire, et cette considération prime tout, à notre avis.

Après avoir ainsi bien nettement posé la règle sur ce point particulier, il nous reste à examiner certaines situations exceptionnelles qui peuvent se présenter.

En principe, il n'y a pas lieu de faire de distinction d'après l'usage auquel sont employées les voitures qui appartiennent à l'assuré ; l'obligation de les comprendre toutes dans l'assurance est générale et absolue. Sur ce point, néanmoins, il est certain que, par la nature des choses, la rigueur de la règle pourrait, sans inconvénients appréciables, subir une exception : un commerçant fait assurer les voitures qui lui servent pour son exploitation, transport des marchandises, livraisons à sa clientèle, etc. ; en outre, il possède une voiture dite « bourgeoise » ou « de maître » ; il pourrait fort bien, par un accord à intervenir, être dispensé de la faire assurer, sans qu'il en puisse résulter de dangers pour la Compagnie, la différence complète dans la forme de ces voitures devant prévenir toute confusion. Ce qu'il faut éviter, en effet, c'est que l'assureur soit exposé à payer un accident causé par une voiture pour laquelle il ne reçoit pas de primes ; et, dans le cas que nous signalons, ce danger n'est pas à craindre.

Un cas particulier peut se présenter (*Pandectes françaises, ubi supra* nos 538-540) : un assuré, au moment où il a contracté sa police, possédait deux voitures et deux chevaux ; plus tard, et au cours des dix années pour lesquelles l'engagement a été souscrit, il devient propriétaire d'un troisième cheval et d'une troisième voiture. Il devrait, aux termes du contrat, faire comprendre dans l'assurance ces nouveaux objets, moyennant une prime spéciale. Mais, soit que cette obligation lui ait échappé, soit qu'il ait cédé aux sollicitations d'un courtier ou de toute autre personne arrivant à lui prouver que cette obligation n'existe pas, soit qu'enfin, pour un motif quelconque, il ait voulu se soustraire à son exécution, au lieu de faire, au moyen d'un avenant, assurer ces nouveaux objets par la Compagnie avec laquelle il avait traité et envers laquelle il était lié, il contracte, pour eux, une assurance spéciale auprès d'une autre Compagnie. Que se passera-t-il alors ? On se trouve en présence de deux assureurs, de bonne foi tous les deux, dont chacun a le droit d'exiger l'exécution des engagements pris à son égard.

Ce n'est pas ici le cas d'invoquer les dispositions de l'article 359 du Code de commerce ; cet article dit, en effet : « S'il existe plusieurs contrats d'assurance faits sans fraude sur le même chargement, et que le premier contrat assure l'entière valeur des objets chargés, il subsistera seul. Les assureurs qui ont signé les contrats subséquents sont délivrés ; ils ne reçoivent que demi pour cent de la somme assurée. Si l'entière valeur des objets chargés n'est pas assurée par le premier contrat, les assureurs qui ont signé les contrats subséquents répondent de l'excédent en suivant l'ordre de la date des contrats. » Bien que cet article parle exclusivement des assurances maritimes, il est, d'après une jurisprudence constante, applicable aux assurances terrestres ; il pourrait donc, en principe, être invoqué dans l'espèce qui nous occupe, si les faits s'y prêtaient ; mais il n'en est rien ; il ne s'agit pas, en effet, d'objets dont la valeur, intégralement couverte par une première assurance, a donné lieu à une seconde assurance ; il s'agit d'objets différents, nouveaux, non compris dans la police primitive, mais que l'assuré devait y faire comprendre ; donc, intrinsèquement et par lui-même, le second contrat est valable et ne concerne pas des objets déjà assurés ; on ne peut dire, par conséquent, que l'assurance n'avait pas de cause et que ce dernier contrat, nul dans son principe, doit être considéré comme inexistant. Cependant, l'assureur primitif exige, de son côté, la stricte exécution de la clause relative à l'augmentation de la police en raison de l'existence de nouveaux risques ; et il n'est pas possible non plus de lui refuser la satisfaction légitime qu'il réclame.

Voici donc comment doit être tranchée cette difficulté : l'assuré doit être tenu de régulariser, par un avenant d'augmentation, sa situation vis-à-vis du premier assureur, c'est-à-dire de faire ajouter aux chevaux et voitures compris dans la première police la voiture et le cheval nouveaux qu'il possède, et de payer la prime y afférente, et cela pour tout le temps restant à courir de cette police. Mais, comme il ne peut y avoir deux assurances sur les mêmes risques, le second contrat doit être résilié, non point comme ayant été nul et comme n'ayant pas eu d'objet dès le principe, mais comme n'ayant plus actuellement d'objet, par suite d'une obligation antérieurement contractée. Reste le second assureur, qui se trouve ainsi privé du bénéfice éventuel qu'il avait espéré réaliser avec la police qui avait été souscrite auprès de lui, et à qui, en tout cas, pour des motifs qui lui sont étrangers, on impose l'obligation de renoncer à un engagement qui avait été pris envers lui. Il est certain qu'il a droit à une indemnité. Ce sera aux tribunaux à l'apprécier ; en général, elle sera équitablement fixée à la valeur d'une année de la prime que l'assuré s'était engagé à payer à son second assureur. On trouve, d'ailleurs, dans le contrat lui-même, les éléments de cette appréciation, puisque, presque toujours, la police stipule qué, dans le cas où, par suite d'un fait provenant de l'assuré (la vente des objets assurés, c'est-à-dire la disparition du risque), le contrat serait résilié avant l'époque convenue, la Compagnie aurait droit à une indemnité de résiliation égale à une année de prime (Tribunal de commerce de la Seine, 4 mars 1886, *Recueil périodique des assurances*, 1887, p. 171.)

Il faut encore faire remarquer que, quand il est possible d'établir une distinction certaine entre les risques nouveaux et les risques anciens (au moyen, par exemple, de la différence de forme des voitures, ou au moyen de leur numérotage soumis au contrôle de la police, etc.), l'assuré ne peut être tenu d'assurer ces nouveaux risques pour la même somme que les risques anciens ; et que si, par exemple, il a pris, pour ceux-ci, une garantie de 5,000 francs par accident causé aux tiers, il peut n'en prendre qu'une de 3,000 francs pour les voitures nouvelles, et, par suite, payer une prime moindre (Tribunal de commerce de la Seine, 14 juin 1888, *Moniteur des assurances*, 15 décembre 1888.)

C'est à partir du jour même où le nouveau risque a commencé à courir que la prime y afférente est exigible (Tribunal de commerce de la Seine, 4 décembre 1868). Dans la pratique, pour ne pas compliquer et multiplier les opérations de recouvrement, on calcule le prorata à courir depuis l'existence du risque nouveau jusqu'au jour d'échéance de la prochaine prime, et on le fait payer immédiatement à l'assuré, en même temps qu'il signe l'avenant d'augmentation ; puis, lorsque la prime primitive vient elle-même à échéance, on y ajoute la prime relative au nouveau risque, pour réclamer le tout ensemble, et l'on continue ainsi pour les années suivantes.

La sanction de l'obligation que nous venons d'étudier ne consiste pas seulement dans la privation pour l'assuré de toute garantie pour les risques nouveaux qu'il n'a pas fait ajouter à son assurance ou pour ceux qu'il n'y a pas fait comprendre dès l'origine ; ce ne serait pas là une déchéance, c'est-à-dire une pénalité ; il va de soi, en effet, qu'il ne peut être question de garantie pour un risque qui n'est pas compris dans l'assurance et pour lequel il n'est pas payé une prime correspondante à l'*alea* couru par l'assureur.

La sanction ne saurait, non plus, consister dans la nullité de l'assurance : dans un contrat synallagmatique, il ne saurait dépendre de l'une des parties contractantes de réduire ce contrat à néant par un fait personnel et indépendant de l'autre partie. La sanction d'une obligation doit être une pénalité imposée pour la violation de cette obligation ; et, dans le cas qui nous occupe, la pénalité consiste dans la déchéance encourue par l'assuré en défaut, déchéance par suite de laquelle, tout en restant lié par la police vis-à-vis de la Compagnie, il est privé de la garantie de celle-ci pour les accidents qui peuvent survenir, tant qu'il n'aura pas régularisé sa situation.

Il est même formellement stipulé, dans les polices de certaines Compagnies, que la déchéance s'applique non seulement aux accidents causés par les nouvelles voitures non comprises dans l'assurance, mais encore à ceux causés par les voitures qui ont fait l'objet de l'assurance originaire ; et cette déchéance est parfaitement justifiée, puisque, en définitive, rien ne pourra prouver que l'accident survenu a été causé par l'une des voitures assurées et non par une de celles pour lesquelles il n'est pas payé de prime.

Toutefois, il convient de remarquer que toute déchéance, étant une pénalité, ne saurait être étendue par voie d'interprétation ou d'assimilation ; il est donc indispensable que la portée de la déchéance soit très nettement déterminée par les conditions du contrat ; car, encore une fois, si les tribunaux ne peuvent se refuser à appliquer une clause pénale qui a été librement consentie, et qui n'a rien de léonin, ils ne peuvent, d'autre part, étendre une clause de cette nature et l'appliquer à des cas qui n'auraient pas été très nettement spécifiés par le contrat.

L'assuré ne saurait même être admis à prétendre qu'il remplace une voiture par une autre ; c'est ce que le Tribunal de commerce de Marseille a décidé le 23 juillet 1888 (*Moniteur des assurances, 1888*, p. 678) : un assuré dont la police portait sur trois camions avait la prétention de faire comprendre dans son assurance, mais sans augmentation de primes, une voiture de maître, à la condition que, quand cette voiture sortirait, il ne ferait circuler que deux camions. Le Tribunal a estimé avec raison que cette prétention constituait une modification au contrat et que l'assuré ne pouvait l'imposer à la Compagnie.

En ce qui concerne l'application de la clause de déchéance, on consultera très utilement un jugement du Tribunal de commerce de la Seine, du 9 novembre 1889, analysé par le *Moniteur des Assurances*, 1889, p. 635 et suivantes.

Une dernière observation nous reste à faire sur cette première et capitale obligation de l'assuré, de ne pas modifier le risque qu'il a déclaré à l'assureur. Pas plus qu'il ne lui est permis d'augmenter, sans déclaration préalable, le nombre de voitures qu'il fait circuler, il ne lui est permis d'augmenter le nombre des chevaux qu'il attelle à une voiture. Le mode d'attelage est expressément indiqué dans les conditions particulières de la police, qui stipulent, par exemple, que les objets assurés consistent en deux voitures attelées chacune d'un cheval ou de deux chevaux. Cette désignation est strictement limitative, et il ne peut dépendre de l'assuré de modifier le risque assuré en attelant ses voitures, ou l'une d'elles, de trois ou de quatre chevaux ; il y aurait là, de sa part, une modification, . une aggravation du risque par suite de laquelle, en cas d'accident, il serait privé du bénéfice de la garantie. Cette déchéance est, d'ailleurs, tout à fait logique et naturelle : outre que, d'une façon absolue, les conditions particulières et générales, imprimées et manuscrites des polices sont, sans distinction, obligatoires pour les contractants, il n'est pas douteux que le risque couru par la Compagnie est plus grand quand la voiture est attelée de trois ou de quatre chevaux que quand elle est attelée d'un cheval ou de deux chevaux ; il y a donc eu, de la part de l'assuré, une réticence, une fausse déclaration qui le rend passible de la déchéance.

Primes. — Les primes servant à constituer le fonds destiné au remboursement des sinistres, il est de l'essence même du contrat d'assurance qu'elles doivent être payées d'avance (exception faite pour ce qui sera dit plus tard, en ce qui concerne l'assurance collective des ouvriers.)

Donc, en matière d'assurance contre les accidents des chevaux et voitures, la prime fixée par la police doit être payée d'avance, à l'époque fixée par cette police. Nous ne reviendrons pas ici sur la question, longtemps débattue et aujourd'hui tranchée, de la portabilité et de la quérabilité de la prime. Mais nous remarquerons que les polices stipulent qu'elles ne seront obligatoires pour l'assureur qu'après l'encaissement de la prime de la première année. Quelle que soit la date de la police, l'assuré ne devra se considérer comme garanti que quand il aura effectivement payé la prime et qu'il en aura la quittance en main; en principe, la signature de la police et le paiement de la première prime doivent être concomitants et simultanés. Les primes des années suivantes doivent être payées à la date correspondante à celle que porte le contrat.

Presque toujours la prime est payable en une seule fois; cependant, pour la commodité des assurés, les Compagnies consentent quelquefois à la percevoir par semestres, très rarement par trimestres. Mais cette convention particulière ne fait point perdre à la prime son caractère annuel; il ne s'agit pas alors, à proprement parler, de primes semestrielles ou trimestrielles, mais d'annuités payables par semestres ou par trimestres (*Pandectes françaises*, n° 545.)

En général, les polices accordent aux assurés ce qu'on appelle « un délai de grâce » pour acquitter leur prime, délai qui est, tantôt de cinq jours, tantôt de quinze jours, suivant les Compagnies. Quand la prime est acquittée dans ce délai, l'assuré n'est pas déchu de la garantie; quand, au contraire, il l'a laissé passer sans s'acquitter, il est ou passible de la déchéance, quand cette déchéance est, aux termes du contrat, subordonnée à l'envoi d'une lettre recommandée ou à la signification d'un acte extra-judiciaire, — ou déchu de plein droit, quand il est stipulé que la déchéance sera encourue par le fait même de l'échéance du délai de grâce et sans qu'il soit besoin d'aucune mise en demeure. Comme toujours, en matière de déchéance et de pénalité, c'est les termes mêmes du contrat qui règlent les droits et obligations respectifs des parties.

C'est aussi à la lettre du contrat qu'il faut s'en référer pour connaître l'étendue de la déchéance; et si, par exemple, il est dit que la déchéance sera encourue par l'expiration du délai de grâce, il n'est pas douteux que les accidents survenus pendant ce délai seront couverts par la Compagnie; tandis que, s'il est spécifié expressément que, ce délai étant échu sans que la prime soit acquittée, l'assuré est déchu de la garantie même pour les accidents arrivés postérieurement à la date d'échéance de la prime, cette clause est parfaitement valable, et les tribunaux ne peuvent se refuser à l'appliquer. C'est aux Compagnies, qui *stipulent*, à énoncer très clairement ce qu'elles entendent dire; et c'est, d'autre part, aux assurés, qui *s'obligent*, à n'accepter qu'en connaissance de cause les conditions qui les lient.

Bien que, en principe, la prime soit, comme nous l'avons vu, payable d'avance, il peut se présenter certains cas dans lesquels une partie tout au moins de cette prime ne sera payable qu'à terme échu. Supposons, par exemple, un assuré qui, par la nature même de son commerce ou de son industrie, ait une circulation variable, tantôt plus, tantôt moins importante, suivant les saisons, ou pour tout autre motif. Il peut être alors stipulé que telle partie de la prime, afférente aux risques permanents, irréductible, par conséquent, sera payée d'avance; et que l'on y ajoutera à chaque période déterminée (année, semestre ou trimestre) un supplément de prime applicable aux risques supplémentaires que l'assuré aura mis en circulation pendant telle période échue. Cette prime supplémentaire, pour la fixation de laquelle l'assuré devra fournir à la Compagnie la justification prévue par la police (déclarations, communication de ses livres de commerce, etc.), sera payée aux échéances déterminées et exigible en même temps et de la même manière que la fraction de prime permanente et irréductible, qui, elle, sera payable d'avance.

Durée du contrat. — La police d'assurance est généralement contractée pour plusieurs années; le laps de temps le plus habituel est de dix ans. Il n'y a, à cet égard, qu'à s'en référer aux stipulations du contrat, qui font la loi des parties.

Certaines polices contiennent une clause de tacite reconduction d'après laquelle, si, à l'expiration de la période convenue, les parties ne se sont pas respectivement prévenues, dans un délai déterminé, de leur intention de faire cesser le contrat, celui-ci continue pour une période égale à la première. Les parties peuvent faire, à cet égard, les conventions qui leur conviennent.

Il est bien entendu, d'ailleurs, que, pour qu'il y ait assurance, et, par suite, perception de prime, il faut qu'il y ait risque; pas de risques, pas de prime, donc pas d'assurance. En conséquence, il peut se présenter, et, en fait, il se présente souvent des circonstances dans lesquelles l'assuré cesse de posséder les objets en vue desquels il a contracté : par suite de cessation de commerce, de départ, pour des motifs d'économie, ou pour toute autre raison, il cesse de posséder et de faire circuler des chevaux et voitures. Si cette situation se présente au cours de la période pour laquelle l'assurance a été souscrite, il va de soi que cette assurance ne peut subsister, n'ayant plus d'objet.

Aussi ce cas est-il prévu dans les polices, et l'assuré peut-il demander la résiliation des contrats. Toutefois, on comprend que l'obtention de la résiliation doit être subordonnée à certaines conditions; il ne faut pas, en effet, que l'assuré, cédant à un caprice ou à un mouvement de mauvaise humeur, puisse, par sa seule volonté, faire cesser un contrat synallagmatique, en dehors du consentement de l'autre contractant. Il faut donc que l'assuré qui demande à la Compagnie la résiliation du contrat justifie de la suppression du risque qui en faisait l'objet ; cette justification peut être faite par toute espèce de moyens et n'est pas subordonnée à des formes sacramentelles : l'assuré, en déclarant verbalement ou par écrit la suppression du risque, devra rapporter la preuve de l'exactitude de sa déclaration, en représentant, par exemple, un acte de vente authentique ou ayant date certaine, ou bien un bordereau de commissaire-priseur, ou enfin toute autre pièce de nature à établir cette preuve. La Compagnie aura, d'ailleurs, toujours le droit de contrôle. Cette preuve une fois faite, l'assuré aura droit à la résiliation, qui sera constatée par un avenant.

Ce n'est pas tout. Le contrat, sur la durée et sur les bénéfices duquel l'assureur était en droit de compter, se trouve résilié, en dehors de sa volonté et par le seul fait de l'assuré. Il est donc tout naturel que celui-ci soit obligé de l'indemniser, d'autant plus que, en général, au moment de la signature du contrat, l'assureur a été forcé, suivant l'usage, d'allouer au courtier ou à l'intermédiaire une commission qui a absorbé tout ou partie de la prime de la première année, si, même, elle ne l'a dépassée. L'indemnité que l'assuré doit payer à l'assureur est donc tout à fait légitime ; elle est, en général, fixée par la police au montant d'une année de prime, qui prend le nom de prime d'indemnité de résiliation, et qui est payée en même temps qu'est signé l'avenant dont nous venons de parler.

La résiliation peut être totale ou partielle, c'est-à-dire qu'elle peut porter sur la totalité des objets assurés, ou ne s'appliquer qu'à une partie de ces objets. Dans le premier cas, c'est-à-dire si l'assuré supprime tous les risques, l'indemnité est d'une année entière de prime ; dans le second cas, c'est-à-dire si l'assuré ne supprime qu'une partie des risques, l'indemnité est égale seulement à la portion de la prime afférente aux risques supprimés.

Il faut, d'ailleurs, que la suppression, soit totale, soit partielle, soit définitive ; il ne suffit pas que l'assuré manifeste l'intention de cesser toute circulation, tout en conservant ses chevaux et ses voitures ; il faut qu'il soit dans l'impossibilité absolue de les faire circuler, et le seul moyen d'y arriver est qu'il ne les ait plus en sa possession.

« Cette résiliation, du reste, n'a pas pour effet de faire disparaître le contrat *(Pandectes françaises,* n°s 648-649) ; elle constitue, à proprement parler, une simple suspension de ses effets. Il est, en conséquence, stipulé que si l'assuré venait à remettre chevaux et voitures en circulation avant l'expiration du temps pour lequel a été contractée la police, le contrat reprendrait son effet, mais que la Compagnie lui tiendrait compte de la prime qui aurait été payée à titre d'indemnité de résiliation. — Quand la reprise d'effet ne concorde pas avec la date précédemment fixée pour l'échéance de la prime et, par suite, pour le commencement de chacune des années de l'assurance, comment doit-on procéder ? Le contrat conserve-t-il la date d'expiration primitivement fixée ? Ou, au contraire, sa durée est-elle prorogée pour une période égale à celle écoulée entre l'échéance originaire de la prime et le jour de reprise d'effet ? Les polices sont muettes à ce sujet, et il n'y a pas, à notre connaissance, de précédents dans la jurisprudence ; c'est donc une question d'entente entre la Compagnie et l'assuré. Le plus souvent, en pratique, dans l'avenant qui constate la reprise de l'assurance, on proroge sa durée dans les conditions qui viennent d'être indiquées ; mais il n'est pas douteux que, si l'assuré s'y refusait, la Compagnie ne pourrait pas l'y contraindre, et il n'aurait, dans ce cas, à payer, pour la dernière année, qu'un prorata de la prime correspondant au temps à courir entre la nouvelle échéance et l'époque d'expiration de la police. »

L'obligation pour l'assuré de payer une prime d'indemnité a été sanctionnée par de nombreuses décisions judiciaires.

Nous signalerons, notamment, à ce sujet, les documents suivants : Tribunal civil de la Seine, 9 février 1870, *Journal des assurances*, 1871, p. 119 ; Bonneville de Marsangy, 3e partie, p. 150 ; *Journal des assurances*, t. 4, p. 77 ; t. 20, pages 333 et 597 ; Tribunal de commerce de la Seine, 19 juin 1890, *Moniteur des assurances*, 1890, p. 668 ; *Pandectes françaises*, v° Assurance contre les accidents, nos 650 et suivants.

Il n'y a que dans le cas de suppression du risque que l'assuré peut demander la résiliation du contrat ; et, par exemple, il a été jugé que le refus par la Compagnie de l'indemniser d'un accident ne saurait lui permettre de demander cette résiliation (Trib. Chaumont, 1er décembre 1885, *Recueil périodique des assurances*, 1886, p. 37) ; il aurait, en pareil cas, le droit de poursuivre devant les tribunaux l'assureur en paiement de l'indemnité qu'il prétendrait lui être due ; mais son droit n'irait pas au delà.

Il est généralement stipulé que la police engage non-seulement les parties, mais encore leurs héritiers, représentants, ayants droit ou successeurs. En ce qui concerne les héritiers, rien de plus simple : ils reçoivent la succession de leur auteur, tant avec les obligations qui la grèvent qu'avec les droits qu'elle comporte ; il est donc tout naturel que, s'ils conservent les chevaux et voitures que leur auteur possédait, ils continuent l'assurance, en en faisant, au moyen d'un avenant, transférer l'effet à leur nom ; et que s'ils vendent lesdits objets, ils soient tenus, comme cet auteur lui-même, de payer à la Compagnie l'indemnité de résiliation prévue au contrat.

En ce qui concerne les successeurs (acheteurs de fonds de commerce, etc.,) la situation est loin d'être aussi simple. De deux choses l'une : ou l'assuré, en vendant son fonds, par exemple, aura imposé à son acquéreur l'obligation de continuer l'assurance, ou bien il aura négligé de le faire, pour quelque motif que ce soit.

Dans le premier cas, l'assurance devra évidemment être continuée par le successeur, qui, la plupart du temps, ne fera pas difficulté d'exécuter cette obligation en signant un avenant de transfert. Mais s'il s'y refuse, que devra faire la Compagnie ? Au premier abord, il semble que, en vertu de l'action indirecte résultant pour elle de l'article 1166 du Code civil, elle n'ait qu'à assigner directement l'acquéreur pour l'obliger à régulariser la situation par la signature de l'avenant et le paiement de la prime à son échéance. Mais, alors, une difficulté peut se présenter : l'acquéreur peut nier son obligation ; ce serait à la Compagnie à en rapporter la preuve au Tribunal ; et, cette preuve, elle peut se trouver dans l'impossibilité de la produire, n'ayant pas en main l'acte de vente qui lie l'acheteur. Nous croyons donc que le moyen le plus pratique est d'attendre l'échéance de la prime et d'assigner en paiement le souscripteur de la police ; celui-ci mettra en cause son acheteur, contre lequel il a des moyens d'action que la Compagnie ne possède pas, et qu'il contraindra ainsi à exécuter son obligation.

Dans le second cas, c'est-à-dire si l'assuré n'a pas imposé à son acquéreur l'obligation de continuer la police, il se trouve dans la situation que nous avons expliquée plus haut, et tenu, par suite, de payer une année de prime, à titre d'indemnité de résiliation. Il convient, d'ailleurs, d'observer que si, ce qui a lieu généralement pour l'assurance-incendie, mais ce qui est beaucoup plus rare pour l'assurance-accident, la police obligeait l'assuré à imposer à son acquéreur la reprise de l'assurance, et si cet assuré ne le faisait pas, il se trouverait dans la situation d'un contractant qui n'exécute pas ses obligations, et serait alors passible de dommages-intérêts dont le tribunal serait libre de fixer le *quantum*, sans être tenu de les limiter au montant d'une année de prime.

En dehors du cas que nous venons d'étudier, dans lequel la police peut être résiliée avant l'époque fixée pour son expiration, il en existe un autre dans lequel la résiliation peut également avoir lieu, et qu'il convient d'examiner aussi sous la rubrique des « obligations de l'assuré », puisque c'est celui-ci qui, en définitive, est obligé de la subir, en exécution du contrat. Certaines polices stipulent, en effet, que, « après réglement de tout sinistre, la Compagnie aura la faculté de résilier la police par une simple notification, à la condition que les sinistres payés s'élèvent au moins au montant des primes perçues, qui, dans tous les cas, resteront acquises à la Compagnie », — ou bien « après chaque sinistre réglé, la Compagnie se réserve la faculté de résilier la police dans la quinzaine, par une simple notification, pourvu que les sommes payées pendant l'année s'élèvent au moins au montant de la prime annuelle qui, dans tous les cas, demeure intégralement acquise à la Compagnie. » L'application d'une telle clause ou d'une clause analogue, bien formelle, bien précise, ne saurait être refusée par les tribunaux ; elle fait la loi des parties, elle a été librement acceptée par l'assuré, elle n'a rien d'immoral ni de léonin ; on ne peut soutenir que l'assuré a été lésé, puisque, en définitive, il a reçu, sous forme d'indemnités, une somme au moins égale à celle qu'il a payée sous forme de primes. Cette clause est donc parfaitement licite, et elle a été reconnue telle par les tribunaux auxquels elle a été soumise (Voir, notamment : Cassation, 17 mars 1874, journal *le Droit* du 23 juillet 1874 ; Tribunal de commerce de Nantes, 5 mars 1884, *Journal de l'assureur et de l'assuré*, 1885, p. 45 ; Trib. de Bordeaux, 25 avril 1888, *Recueil des arrêts de Bordeaux*, 1888, 2, 91 ; *Pandectes françaises, loc. cit.*, n°s 674 et suivants.)

Faillite. — « En principe, la faillite (ou la liquidation judiciaire) ne fait obstacle ni à l'obligation de payer les primes tant que n'a pas été déclarée à la Compagnie la suppression du risque, ni à celle de payer, dans ce cas, l'indemnité convenue. — En l'absence d'une stipulation particulière, les syndics ne sont donc pas fondés à refuser d'admettre les Compagnies d'assurance au passif pour le montant de cette indemnité, en s'appuyant, notamment, pour opposer ce refus, sur la loi des 16-20 février 1872 (nouvel article 550 du Code de commerce), aux termes de laquelle le syndic a le droit, à son gré, de continuer les baux ou d'en demander la résiliation. La loi de 1872 s'occupe d'une question toute spéciale, et ses dispositions ne sauraient être étendues à d'autres matières. Le failli a souscrit une police d'assurance, tout comme il a pris des engagements de toute nature, que le syndic, dans les limites des forces de la faillite, est tenu d'exécuter en leur entier, comme aurait dû le faire le souscripteur lui-même, s'il était demeuré *in bonis.* » *(Pandectes françaises,* n. 667 et 668.) — Le droit pour la Compagnie d'être admise au passif de la faillite pour le montant de l'indemnité de résiliation a été, à plusieurs reprises, sanctionné par le Tribunal de commerce de la Seine (affaire des Omnibus de Marseille, etc.)

D'ailleurs, l'assureur ne saurait prétendre à être compris parmi les créanciers privilégiés (Trib. comm. Seine, 26 juillet 1877, journal *le Droit* des 13-14 août 1877).

Après avoir ainsi fait connaître les obligations, que nous appellerons générales, auxquelles l'assuré est tenu par le contrat, nous allons faire connaître les obligations particulières, les obligations qu'on pourrait appeler de détail, qui lui sont imposées au cas de survenance d'un accident.

Accidents. — En cas de survenance d'accident, la première obligation qui est imposée à l'assuré est, naturellement, de le déclarer à l'assureur. A cet égard, toutes les polices contiennent une clause dont l'observation est exigée à peine de déchéance : l'assuré doit faire connaître par écrit l'accident à la Compagnie dans un délai déterminé ; ce délai est généralement limité aux deux jours à partir de celui où il en a connaissance.

Les termes de cette clause exigent quelques explications. En principe, l'assuré est censé avoir connaissance de l'accident dès qu'il se produit ; ou bien il était dans la voiture, et alors il ne peut avoir ignoré l'accident ; ou bien le conducteur de sa voiture doit lui en faire part immédiatement, et lui-même doit le dénoncer à son assureur. Mais il peut arriver aussi que le cocher ou le charretier néglige ou omette volontairement de signaler au propriétaire de la voiture l'accident qu'il a causé (il ne s'agit ici que des accidents causés aux tiers), et ne le lui fasse connaître que plusieurs jours après. Il est bien certain que, dans un cas semblable, il serait excessif et injuste de priver l'assuré de la garantie à laquelle son contrat lui donne droit pour un fait, pour une négligence dont il n'est pas coupable : voilà pourquoi la police dit que c'est dans les deux jours *à partir de celui où il en a connaissance* qu'il devra déclarer l'accident à la Compagnie. C'est à cette dernière à s'informer s'il y a eu retard, omission ou négligence de la part de son assuré.

Il y a lieu, toutefois, de remarquer que, à cet égard, il existe des différences sensibles et très importantes dans la rédaction des polices des diverses Compagnies ; si toutes, à peu près sans exception, sont identiques sur la formule que nous venons de faire connaître, il en est un certain nombre (le plus grand nombre même), qui restreignent la faculté donnée à l'assuré en le déclarant déchu, s'il n'a pas déclaré l'accident dans tel délai (quinze jours ou trois semaines), non plus à partir du jour où il a eu connaissance de l'accident, mais bien à partir du jour même de l'accident ; c'est-à-dire que, même s'il est établi que l'assuré n'a pas connu l'accident (par exemple parce qu'il était absent, parce que son cocher le lui a dissimulé, etc.), du moment que le délai fixé, de quinze jours ou de trois semaines, s'est écoulé sans déclaration depuis l'accident, l'assuré est déchu de la garantie. Et cette clause étant formelle, et, quoique dure, n'ayant, en définitive, rien de léonin, les tribunaux n'ont pas hésité, à plusieurs reprises, à l'appliquer. Il est loin, d'ailleurs, d'être prouvé que les assurés comprennent toujours cette différence, et il n'est pas démontré que les Compagnies qui insèrent cette prescription spéciale dans les conditions de leur contrat soient moins bien partagées que les autres dans la faveur du public.

Outre l'obligation de déclarer l'accident dans un délai déterminé, il est, en général, prescrit à l'assuré d'envoyer, dans le même délai, le conducteur de sa voiture dans les bureaux de la Compagnie, pour lui fournir sur l'accident les renseignements dont elle peut avoir besoin. Tantôt cette seconde obligation est imposée à l'assuré au même titre que la première, et sous la même sanction de déchéance ; tantôt elle est facultative de la part de la Compagnie, c'est-à-dire qu'elle n'est obligatoire que si cette dernière en demande, par lettre, l'accomplissement à l'assuré. Les termes précis du contrat doivent, en ce cas, déterminer les devoirs réciproques de l'une et de l'autre partie et entraîner la décision du tribunal, en cas de contestation.

Le motif de la double clause que nous venons de faire connaître est, d'ailleurs, facile à comprendre ; il est indispensable que l'assuré connaisse, dès l'origine, les circonstances dans lesquelles l'accident s'est produit, pour pouvoir réunir les documents et les témoignages utiles à la défense de ses intérêts : il s'agit d'un accident causé à une tierce personne, accident qui donnera vraisemblablement lieu, de la part de celle-ci, à une réclamation contre laquelle la Compagnie devra se défendre ; il est donc nécessaire qu'elle puisse connaître les éléments de cette défense.

Aussi les tribunaux n'hésitent-ils pas à exiger la stricte exécution de cette obligation et à prononcer, conformément à la police, la déchéance contre l'assuré qui ne s'y est pas conformé. Ainsi (*Pandectes françaises*, v° Assurance contre les accidents, n°s 608 et suivants) il a été décidé que la clause dont il s'agit est formelle, et qu'elle s'applique à la connaissance que l'assuré a eue de l'accident, et non à la connaissance qu'il peut avoir de l'action en responsabilité intentée contre lui à raison de cet accident ; c'est-à-dire que, en tout état de cause, l'assuré doit déclarer l'accident à l'assureur dès qu'il le connaît, sans attendre qu'une réclamation lui soit adressée, et quand bien même il n'en devrait recevoir aucune.

« Toutefois, quel que soit l'intérêt des Compagnies à ce que les accidents leur soient déclarés sans retard, il est des cas dans lesquels la rigueur de cette règle doit céder devant les circonstances. Il est certain, en effet, que si l'assuré, pour expliquer la tardiveté de sa déclaration, excipait d'un cas de force majeure, c'est-à-dire d'un fait que la prudence humaine ne pourrait ni prévoir ni prévenir, il devrait être relevé de la déchéance par lui encourue.... Mais il ne suffirait pas à l'assuré de prétendre qu'il a été empêché de faire sa déclaration....; il faut qu'il y ait eu impossibilité absolue et non douteuse : ainsi, il a été jugé par le tribunal civil de la Seine que la clause d'une police d'assurance contre les accidents, portant que l'assuré doit faire à la Compagnie une déclaration signée de deux témoins dans les quarante-huit heures qui suivent l'accident, ne peut être invoquée contre l'assuré qu'autant que ce dernier n'aurait pas été, *vu son état,* dans l'impossibilité de réaliser cette prescription, et que, d'autre part, ladite clause aurait été prescrite à peine de déchéance.

» .... En matière d'assurance directe (accidents causés aux tiers), ce que l'assureur a surtout besoin de savoir, c'est les circonstances dans lesquelles a eu lieu l'accident ; voilà pourquoi certaines Compagnies exigent l'envoi des conducteurs, pour fournir toutes les indications de nature à les éclairer ; quant au nom et à l'adresse du lésé et des témoins, elles peuvent, à la rigueur, s'en passer, et quelquefois les polices n'exigent ces renseignements « qu'autant qu'il est possible de les donner ». La raison de cette latitude est facile à comprendre : si le lésé a véritablement subi un préjudice, il ne manquera pas de se faire connaître, en adressant sa réclamation à l'auteur de l'accident, qui la transmettra à sa Compagnie d'assurances ; de plus, le lésé étant demandeur, ce sera à lui de faire la preuve, tant de la faute de l'assuré, prétendu auteur de l'accident, que de l'importance du dommage éprouvé ; ce sera à lui de produire les preuves, les justifications, les témoins, etc., destinés à établir la justesse de sa réclamation. »

Le Tribunal de Commerce de la Seine a décidé, le 22 août 1890, (*Moniteur des Assurances,* 1890 p. 666) que l'assuré qui, tout en ayant déclaré l'accident dans le délai prescrit par la police, n'a pas, dans le même délai, envoyé à la Compagnie le conducteur de la voiture, ne saurait invoquer le bénéfice du contrat, alors qu'il s'est dispensé d'exécuter l'une de ses conditions prescrites à peine de nullité. La Compagnie peut avoir, en effet, à demander au cocher des renseignements complémentaires sur les

circonstances dans lesquelles s'est produit l'accident. Si complète, si explicite, qu'ait été la déclaration de l'assuré, il n'y a donc pas là une exigence
fantaisiste ou vexatoire, mais une mesure indispensable à l'instruction de
l'affaire ; et si la police prescrit que l'envoi du conducteur de la voiture
doit avoir lieu à peine de déchéance, il suffit que la prescription ait été
enfreinte pour que l'assuré soit déchu de tout droit à la garantie. — Le
contrat d'assurance est un contrat de droit étroit ; il en résulte que toutes
 es prescriptions de la police, qui fait la loi des parties, doivent être
strictement exécutées.

Remise des pièces de procédure. — Supposons la situation de l'assuré
tout à fait régulière, soit au point de vue des risques compris dans la police
soit au point de vue du paiement des primes ; supposons, d'autre part, que,
un accident étant arrivé, l'assuré l'a régulièrement déclaré à la Compagnie
et lui a fait donner par son cocher les renseignements nécessaires ; supposons, en un mot, régulièrement accomplies les diverses obligations que
nous avons fait connaître. Voilà donc la Compagnie en présence d'un lésé,
de la victime d'un accident, qu'elle est, aux termes du contrat, chargée
d'indemniser aux lieu et place de son assuré, jusqu'à concurrence, bien
entendu, de la somme garantie par le contrat.

Deux hypothèses peuvent se présenter : ou bien le règlement de l'accident
aura lieu à l'amiable, au moyen d'une transaction ; ou bien il donnera
naissance à un procès. Dans l'un comme dans l'autre cas, il est, en principe, interdit à l'assuré d'intervenir, et cela se comprend : puisque c'est la
Compagnie qui, en fin de compte, doit payer, il est tout naturel que ce soit
elle seule qui ait le droit de s'occuper du règlement, soit amiable, soit
contentieux.

La conséquence logique de cette situation est la déchéance, stipulée par
la police, de tout assuré qui aurait transigé avec le tiers lésé ; seule la
Compagnie a le droit de faire une transaction, et elle serait déchargée des
conséquences de l'accident si l'assuré, la laissant de côté, avait lui-même
traité avec la victime. On peut, toutefois, imaginer des cas où l'assuré, par
sa situation personnelle, par ses relations, ou pour tout autre motif, se
trouverait en position de transiger dans de meilleures conditions que la
Compagnie, ce qui serait, en définitive, avantageux pour cette dernière.
Aussi les polices prévoient-elles, en général, cette possibilité de transaction
directe par l'assuré ; mais il faut, alors, que celui-ci en obtienne de la
Compagnie l'autorisation formelle et écrite.

Si une transaction n'intervient pas, de l'une ou de l'autre façon, il y aura procès, et c'est la Compagnie qui en aura la direction exclusive. Plusieurs polices prévoient même expressément le cas où, en dehors du pouvoir général qui lui est donné, à cet effet, par le contrat, la Compagnie demandera, et devra obtenir sans difficultés, un pouvoir spécial, nécessaire, par exemple, pour suivre une instance en justice de paix ou devant le Tribunal de commerce. — Ce n'est pas, d'ailleurs, la Compagnie d'assurance qui sera poursuivie directement par la victime de l'accident, avec laquelle elle n'a aucun lien de droit ; c'est l'assuré lui-même qui sera mis en cause ; de là, pour lui, la nouvelle obligation qui lui est imposée par le contrat de remettre à l'assureur tous les actes de procédure, toutes les pièces quelconques qui lui seront signifiés, notifiés ou délivrés soit à la requête du tiers lésé, soit par le Ministère public.

Cette obligation a une très grande importance, et la nomenclature que peut contenir, à ce sujet, la police doit être interprétée dans le sens le plus large : on comprend, en effet, les conséquences fâcheuses, et souvent irréparables, que peut entraîner pour la Compagnie l'omission de la remise d'une pièce quelconque relative au procès. Aussi la sanction de l'obligation imposée à l'assuré, obligation qui doit être accomplie immédiatement ou dans un délai très court fixé par le contrat, la sanction, disons-nous, est la déchéance de toute garantie relative à l'accident. Et nous rappellerons ici que, si les déchéances, véritables pénalités, sont de droit étroit, et ne peuvent être étendues par voie d'interprétation, elles doivent, d'autre part, être rigoureusement appliquées quand, comme c'est ici le cas, elles n'ont rien d'inexécutable ou de contraire à l'ordre public.

Nous devons cependant signaler un jugement du Tribunal de commerce de la Seine, du 7 novembre 1887 (*la Loi* du 15 janvier 1888), qui a fait bénéficier l'assuré d'une présomption de droit, en décidant qu'on ne pouvait lui reprocher de n'avoir pas rempli son obligation (de remettre à la Compagnie les actes de procédure dans les trois jours de leur date) parce qu'il n'avait pas dénoncé une assignation qui avait été suivie d'un jugement par défaut : en effet, l'exploit introductif d'instance est alors présumé n'être jamais parvenu au défendeur ; ce dernier, d'ailleurs, avait notifié, aussitôt qu'il avait pu le faire, son exploit d'opposition, qui avait réellement introduit la procédure à son égard. Le Tribunal a estimé que l'obligation de l'assuré était remplie quand il avait mis l'assureur à même de surveiller la procédure.

Ce dont les tribunaux exigent qu'on leur justifie, c'est que la négligence ou le retard de l'assuré a compromis les droits et les intérêts de la Compagnie ; sinon, ils se refusent à prononcer la déchéance. C'est en ce sens que s'est prononcé le même Tribunal de commerce de la Seine, en décidant, par jugement du 10 avril 1890 *(Gazette des Tribunaux* du 25 avril 1890) qu'une Compagnie d'assurance contre les accidents, qui suit elle-même un procès engagé devant un tribunal de province contre un de ses assurés, et qui se trouve ainsi en possession de toutes les pièces de la procédure, ne peut opposer ensuite à l'assuré une déchéance résultant de ce que celui-ci ne lui aurait pas fait parvenir, au siège social à Paris, la signification du jugement rendu contre lui.

Appel en garantie de l'assureur. — Nous devons, dès maintenant, dire quelques mots d'une question sur laquelle nous aurons à revenir plus tard, quand nous nous occuperons de l'assurance collective des ouvriers : nous voulons parler de l'appel en garantie de l'assureur par l'assuré.

Presque toutes les polices d'assurance directe contiennent une clause aux termes de laquelle, sous aucun prétexte, et à peine d'être privé des bénéfices de l'assurance, l'assuré, poursuivi par la victime d'un accident, ne peut mettre en cause la Compagnie ou l'appeler en garantie. Une semblable clause se justifie par l'intérêt qu'il y a, pour les Compagnies d'assurances, à discuter directement, et uniquement par voie d'instance directe, les termes et l'interprétation des conditions de leurs polices, à n'être pas appelées, au hasard des accidents, à plaider devant tous les tribunaux et devant toutes les juridictions, et, enfin, à ne pas être exposées à payer les frais de deux demandes successives, alors qu'il ne s'agit, en définitive, que d'un différend entre elles et leurs assurés. Si la police stipule que les procès en responsabilité civile doivent être soutenus et suivis par les Compagnies au nom du souscripteur, cette stipulation, loin d'équivaloir à l'acceptation par la Compagnie, pour son propre compte, de la compétence du Tribunal devant lequel son assuré est appelé, exclut, au contraire, cette acceptation, puisqu'elle doit seulement suivre le procès sous le nom de ce dernier, sans y figurer, en son propre nom, à ses lieu et place.

Les tribunaux n'ont jamais fait difficulté d'appliquer cette clause des polices, qui est, d'ailleurs, conforme aux règles du droit, en matière de garantie. Nous signalerons, notamment, deux jugements du Tribunal civil de la Seine, des 14 janvier et 14 mars 1891 *(Moniteur des Assurances,* 1891, p. 193), desquels il résulte que la partie assignée afin de paiement de dommages-intérêts, comme responsable d'un accident, ne peut, par voie d'action en garantie, citer devant le Tribunal saisi de la demande principale une Compagnie d'assurance contre les accidents. Le recours en garantie repose, en effet, sur un contrat dont il a pour objet l'exécution, tandis que l'instance originaire dérive d'un quasi-délit ; de sorte que, si la seconde de ces actions est née à l'occasion de la première, elles n'ont entre elles aucune connexité de nature à justifier l'application de l'article 181 du Code de procédure civile.

Ce principe, que les deux actions, quoique exercées à raison du même accident, dérivent, en droit, de deux obligations sans connexité, a été encore consacré par un jugement du Tribunal civil de Toulouse, du 13 avril 1892 *(Moniteur des Assurances*, 1892, p. 522).

On consultera enfin très utilement *(Pandectes Françaises*, v° Assurance contre les accidents, n° 640) un arrêt de la Cour de Nîmes, du 11 février 1880, qui, statuant dans une affaire où la Compagnie, ayant repoussé la responsabilité de l'accident pour cause de déclaration tardive, avait été incidemment appelée en garantie par l'assuré, a très clairement et très nettement formulé les règles de droit qui s'appliquent à la matière.

Il va de soi, bien entendu, que si la Compagnie refusait à tort d'accepter la responsabilité d'un accident, l'assuré aurait, conformément au droit commun, la faculté d'agir contre elle par voie d'action principale pour la contraindre à l'exécution de son contrat. Il y a même des polices qui réservent expressément ce droit à l'assuré, ce qui nous paraît une superfétation. Dans ce cas, l'assuré suivra lui-même le procès intenté par la victime de l'accident, tout en protestant, s'il y a lieu, par un acte extrajudiciaire, contre le refus opposé par la Compagnie ; puis, s'il perd le procès, il se retournera contre elle pour lui réclamer le remboursement des sommes qu'il aura été condamné à payer. (Voir sur cette question : *Pandectes Françaises, ubi supra*, n°s 641 et suivants).

B. — Obligations de l'assureur

Après avoir fait connaître les obligations de l'assuré, nous allons maintenant faire connaître les obligations de l'assureur, en ce qui concerne l'assurance *directe ;* nous nous occuperons plus loin des accidents que peuvent subir ses chevaux et voitures.

Étendue de la garantie. — Il faut ici, pour se rendre compte des obligations qui incombent à l'assureur et des droits corrélatifs de l'assuré, combiner entre elles les conditions générales et les conditions particulières de la police, toutes également obligatoires, nous croyons devoir le rappeler, qu'elles soient imprimées ou manuscrites.

La première question qui se pose est de savoir jusqu'à concurrence de *quelle somme* la Compagnie est responsable, c'est-à-dire quelle somme elle devra payer au tiers lésé en l'acquit et à la décharge de son assuré. Cette première question est tranchée par les conditions particulières du contrat, qui déterminent la somme garantie par la Compagnie pour chaque voiture et pour chaque accident (peu importe qu'il n'y ait qu'une victime ou qu'il y en ait plusieurs, l'ensemble des indemnités payées par la Compagnie ne peut pas, ne doit pas dépasser le chiffre fixé par la police). La somme garantie, 3,000 francs, 4,000 francs, 5,000 francs 10,000 francs, etc., est toujours proportionnée au montant de la prime payée par l'assuré, ou plutôt le chiffre de la prime est proportionné à l'importance de la somme garantie, laquelle est, bien entendu, subordonnée aux règles établies par les statuts de la Compagnie ; c'est à l'assuré à se rendre compte d'avance de la garantie qu'il veut avoir, et à ne pas oublier que pour toute indemnité dépassant la somme fixée par la police, il demeurera son propre assureur.

Les polices stipulent toujours que, dans la garantie, sont compris non-seulement les indemnités en principal payées aux tiers lésés, mais encore les frais judiciaires et autres auxquels peut donner lieu le règlement de ces indemnités. La validité d'une semblable clause a été reconnue par les tribunaux (notamment Tribunal de commerce, Seine, 29 juin 1889, *Pandectes françaises périodiques*, 90, 2, 78 ; *Recueil périodique des Assurances*, 1889, p. 519).

Il est également stipulé, et ceci d'une façon générale et sans exception, que l'amende, étant une peine de la loi, ne peut jamais être à la charge de la Compagnie. C'est là une clause d'ordre public : on comprend, en effet, qu'un assuré ne peut, moyennant le paiement d'une prime, se soustraire aux pénalités, pécuniaires ou autres, qu'il peut encourir pour avoir commis une contravention ou s'être rendu coupable d'un délit. L'amende, aussi bien que l'emprisonnement, est une peine essentiellement personnelle, pour l'acquittement de laquelle on ne peut se substituer un répondant ; une clause contraire à celle qu'ont adoptée les Compagnies d'assurances serait radicalement nulle et considérée comme inexistante.

Une autre clause a encore été adoptée par toutes les Compagnies ; et celle-ci se justifie par l'intérêt qu'elles ont à savoir d'avance jusqu'à concurrence de quelle somme elles s'engagent pour chaque affaire, et à ne pas être exposées à dépasser, par le paiement des indemnités immédiates, ou successives, la somme qu'elles peuvent ou veulent payer : il est dit que si la réparation civile du dommage consiste en une rente temporaire ou viagère, la Compagnie sera tenue seulement d'en servir les arrérages jusqu'à l'épuisement de la somme garantie. C'est-à-dire, d'abord, que si, par exemple, comme cela a lieu très fréquemment aujourd'hui, un tribunal condamne l'auteur responsable d'un accident à payer à la victime une rente viagère, et à constituer le capital nécessaire au service de cette rente, la Compagnie ne sera pas obligée à faire l'avance du capital nécessaire pour cette constitution : c'est l'assuré qui déboursera le capital exigé, la rente étant immatriculée à son nom pour la nue propriété et au nom de la victime pour l'usufruit. — D'autre part, la Compagnie devra rembourser trimestriellement par exemple, ou annuellement, à l'assuré une somme, équivalente à la rente à laquelle celui-ci aura été condamné ; quand le total des annuités ainsi payées par la Compagnie atteindra le chiffre de garantie stipulé par la police, la Compagnie sera libérée. Supposons, par exemple, une garantie de 3,000 francs, et une condamnation à 300 francs de rente annuelle et viagère ; la Compagnie devra rembourser à son assuré 300 fr. par an pendant dix ans (sous déduction de la somme qu'elle aura pu payer pour frais judiciaires ou autres) ; après quoi, l'assuré continuera à être tenu au paiement de la rente, sans pouvoir exercer de répétition contre son assureur.

C'est là une clause bien nette et bien précise, qui, d'une part, se justifie pour les Compagnies par les motifs que nous avons exposés plus haut et par l'impossibilité dans laquelle elles pourraient se trouver d'immobiliser des capitaux suffisants pour faire face à la constitution de rentes qui pourraient atteindre un chiffre considérable ; et, d'autre part, ne peut être critiquée par les assurés, qui ne peuvent prétendre que leur bonne foi a été surprise.

La somme garantie par la Compagnie étant connue, ce qu'il importe ensuite de savoir, c'est dans *quels lieux* s'exerce cette garantie. A cet égard, les polices sont également très explicites : elles établissent, par exemple, que l'assuré est garanti contre les accidents causés « en France », ou « à Paris et dans un rayon de soixante kilomètres », ou enfin dans tel périmètre déterminé, étant bien entendu que, suivant les conventions intervenues entre les parties, les conditions particulières du contrat peuvent, à ce point de vue comme aux autres, modifier, étendre ou limiter la garantie. On comprend, d'ailleurs, qu'il est nécessaire que les conventions, à cet égard, soient bien précises : il n'est pas indifférent pour les Compagnies que le risque qu'elles couvrent soit restreint à un périmètre plus ou moins étendu : étant donné que, en cas d'accident, elles, sont obligées de se livrer à une enquête approfondie sur ses causes et sur ses conséquences, il est important pour elles de savoir où devra avoir lieu cette enquête, et si la nécessité de la faire faire dans un endroit éloigné du siége habituel de ses opérations n'entraînera pas pour elle des dépenses qui augmenteraient sensiblement ses charges. La police doit donc être, à cet égard, interprétée strictement d'après ses termes.

Autre question : ce que l'assurance contre les accidents des chevaux et voitures a pour objet de garantir, c'est les accidents de circulation ; elle ne doit donc s'appliquer qu'aux accidents survenus dans les endroits où les voitures peuvent circuler. Aussi, à cet égard, si les Compagnies n'ont pas adopté une rédaction identique, elles ont tout au moins précisé bien nettement leurs obligations. L'une déclare qu'elle garantit les accidents causés par les chevaux et voitures « en circulant sur la voie publique et tous autres lieux accessibles aux voitures » ; l'autre, « tant sur la voie publique que dans les propriétés privées et autres lieux, tels que : gares de chemins de fer, ports, entrepôts, et partout où le public a accès » ; une autre, « tant dans les cours appartenant à autrui que sur la voie publique, dans les gares de chemins de fer, les entrepôts et sur les ports », etc.

Sur ce point particulier, les tribunaux doivent s'en référer aux termes mêmes des polices : ainsi, en l'absence d'une clause formelle, il a été jugé que la cour intérieure d'une gare de chemin de fer, qui n'est soumise à aucune surveillance de police ou de voirie, ne peut être assimilée à la voie publique *(Journal des Assurances,* 1861, p. 343 et 384 ; 1864, p. 315) ; de même, il a été jugé que la cour d'une maison particulière n'est pas un « endroit accessible au public », comme l'exigeait la police *(Recueil périodique des Assurances,* 1884, p. 606) ; de même encore, une exposition universelle et ses dépendances ne doivent pas être considérées comme des « endroits publics » (Bonneville de Marsangy, troisième partie, p. 137).

Après avoir, à cet égard, renvoyé aux décisions relatées par les *Pandectes françaises,* v° Assurance contre les accidents, n°s 600 et suiv., nous signalerons, avec le commentaire qui l'accompagne, un arrêt de la Cour de Bordeaux, du 6 février 1890, analysé par le *Moniteur des Assurances* (1890, p. 265 et suiv.), duquel il résulte que, lorsqu'une police garantit les accidents produits par les attelages de l'assuré « sur la voie publique et autres lieux où le public a accès », elle doit s'appliquer à l'accident survenu dans un chantier de bois constamment visité par un grand nombre de personnes. — C'est évidemment là une interprétation beaucoup trop large, et par conséquent, fausse de la police.

En règle générale, on peut dire que, si l'assureur contre les accidents est, sans restriction, tenu de garantir tous ceux qui sont prévus dans la convention, il n'est, par contre, point responsable de ceux qui n'y sont pas spécifiés. Aussi, si la police stipule, dans les conditions générales, que l'assurance s'applique aux accidents causés par les *voitures attelées*, ou par les *chevaux attelés*, ou par les *chevaux et voitures attelés*, il ne peut y avoir le moindre doute sur le sens de dispositions aussi précises : il est bien certain que, à moins d'une dérogation expresse et formelle énoncée dans les conditions particulières, une semblable assurance ne s'étendrait pas, par exemple, aux accidents causés par un cheval monté en selle ou « en couverte », ou conduit « haut-le-pied ». Il y aurait là, pour l'assureur, une extension de sa responsabilité qui ne doit pas se présumer. Il en serait de même, à plus forte raison, si, après avoir dit que l'assurance couvre les accidents causés aux tiers par les chevaux et voitures de l'assuré, la police ajoutait que « ces accidents ne sont garantis qu'autant qu'ils ont été causés par des voitures attelées » ; une clause ainsi rédigée a, en effet, un caractère restrictif et limitatif qui ne saurait donner lieu à la moindre incertitude *(Pandectes françaises*, v° Assurance contre les accidents, n° 561).

On comprend, en effet, qu'il y a une grande différence entre le risque résultant de la circulation d'un cheval limitée au cas où il est attelé à une voiture et de celle d'un cheval monté en selle, ou « en couverte », ou conduit « haut-le-pied », pour aller, par exemple, à la forge, à la promenade ou à l'abreuvoir. Il est donc tout naturel que, en garantissant le premier de ces risques, une Compagnie entende exclure les autres, ou ne consente à les garantir qu'en cas de stipulation expresse et moyennant une prime plus élevée, les risques étant alors plus fréquents et souvent même plus dangereux. Aussi, certaines polices stipulent-elles formellement que les « accidents causés par les chevaux montés ou conduits haut-le-pied, peuvent aussi être assurés par une clause spéciale, et moyennant une prime complémentaire » ; le mot « supplémentaire » serait plus exact.

En résumé, il faut, pour apprécier l'étendue de la garantie résultant de l'assurance, s'en référer aux conditions générales et aux conditions particulières de la police, qui doivent se combiner ensemble et se compléter les unes par les autres, et non se contredire entre elles, sauf le cas de dérogation formellement exprimée : on ne peut suppléer d'office une dérogation ou une extension de garantie.

Une autre conséquence à tirer de cette règle générale, c'est que quand la police stipule qu'elle s'applique aux accidents causés par les chevaux et voitures *conduits* par l'assuré ou par ses préposés....., la garantie de la Compagnie ne s'applique pas aux accidents qui se produisent quand, pour un motif quelconque, les chevaux et voitures ne sont pas conduits. Si, par exemple, un cocher abandonne son cheval, attelé ou non attelé, soit par négligence, soit même pour les besoins de son service, et que le cheval, partant tout seul et sans direction, cause un accident, la Compagnie assureur n'en est pas responsable, à moins, bien entendu, que, par une clause particulière de la police, il ait été stipulé qu'elle garantirait un accident se produisant dans ces conditions. Ainsi, notamment, et pour bien préciser, il a été jugé que si un cheval attelé à une voiture qui se trouve dans une gare de chemin de fer en attendant son tour de chargement, pendant que le charretier est allé prendre son repas dans le voisinage, blesse un autre cheval arrêté à côté de lui, l'assureur n'est pas responsable d'un pareil accident, qui a eu lieu alors que le premier cheval n'était pas conduit, lorsqu'aucune clause spéciale ne garantit l'abandon. On consultera très utilement, sur ces diverses questions, ainsi que sur celles relatives au fait volontaire du conducteur de la voiture, à son état d'ivresse, aux infractions aux lois et règlements, les *Pandectes françaises*, *ubi supra*, n°s 562 et suiv., et les nombreuses décisions rapportées.

En matière d'accidents de voitures, c'est, comme on dit, la « conduite » qui crée la responsabilité, et ce que l'assureur garantit, c'est les conséquences de la responsabilité civile qui peut être encourue, à raison de ces accidents, par le souscripteur du contrat. Aussi les polices stipulent-elles toujours que la garantie s'applique aux accidents causés par les voitures conduites par l'assuré ou par ses préposés salariés, âgés au moins de dix-huit ans. En effet, en ce qui concerne l'assuré lui-même, il est, aux termes de l'article 1382 du Code civil, responsable des conséquences des accidents qu'il peut occasionner à autrui ; d'autre part, il est également responsable, aux termes de l'article 1384 du même Code, des accidents que peuvent occasionner les hommes à son service, exécutant un travail commandé par lui. Il a donc, dans l'un et l'autre cas, intérêt à être garanti par la Compagnie ; mais il n'en serait plus de même s'il avait loué ou prêté sa voiture à une tierce personne, étrangère à son service, et de laquelle il ne serait pas responsable. Aussi la garantie de l'assureur ne s'appliquerait-elle pas en pareil cas ; de même qu'elle cesserait si l'assuré avait employé pour conduire sa voiture un individu âgé de moins de dix-huit ans : en effet, en dehors même d'une stipulation précise du contrat, l'assurance ne pourrait alors produire ses effets, puisque l'assuré aurait contrevenu aux textes législatifs qui prohibent l'emploi de cochers ou de charretiers mineurs de dix-huit ans, et qu'on ne peut, par avance, s'exonérer des conséquences des délits qu'on peut commettre.

De même, et dans un ordre d'idées évidemment différent, bien qu'aucune loi ni aucun règlement n'interdise aux femmes de conduire des voitures, l'assuré serait déchu de toute garantie si, malgré la clause prohibitive de certaines polices, il avait fait conduire sa voiture par une femme.

L'obligation de l'assureur cesse encore, d'après une clause généralement insérée dans les polices, quand il s'agit d'accidents occasionnés aux objets transportés par les voitures assurées; d'accidents résultant de la chute des mêmes objets pendant le trajet, le chargement, le déchargement ou la livraison ; d'accidents causés aux personnes se trouvant dans les voitures assurées, y montant ou en descendant; enfin d'accidents éprouvés par les conducteurs desdites voitures. (Ces deux derniers risques, notamment, peuvent faire l'objet d'assurances spéciales). Ces divers cas d'exclusions, formellement stipulés, sont trop clairs pour qu'il nous paraisse nécessaire de les faire suivre d'aucun commentaire.

Nous avons vu qu'une des obligations de l'assuré consiste dans la remise à la Compagnie de toutes les pièces de procédure et autres qu'il reçoit, à l'occasion d'un accident, et que le défaut de la remise de ces pièces dans le délai prescrit lui fait encourir la déchéance de la garantie. L'obligation corrélative de la Compagnie est celle de suivre, au nom de son assuré, tous les procès qui peuvent être intentés à ce dernier relativement aux mêmes accidents. Comme sanction de cette obligation, l'assuré, à qui il est interdit d'appeler la Compagnie en garantie, aurait le droit, si elle se refusait sans motif légitime à suivre un procès, d'exercer contre elle, par voie d'action principale, une demande en remboursement des sommes qu'il aurait été condamné à payer, et cela jusqu'à concurrence de la garantie stipulée dans la police. L'assuré qui se trouverait en présence d'un refus non justifié de la Compagnie d'accomplir cette obligation devrait, pour la sauvegarde de ses droits, signifier à l'assureur un acte de protestation contre ce refus, contenant les plus expresses réserves pour son recours ultérieur; cela fait, suivre le procès comme s'il y était personnellement intéressé, et agir ensuite, d'après les circonstances, contre la Compagnie, ainsi que nous venons de le dire.

Il est bien entendu, d'ailleurs, que le fait, par l'assureur, de suivre un procès au nom de son assuré, ne lui fait pas perdre les déchéances qu'il pourrait, éventuellement, avoir à lui opposer; et que si, par exemple, au cours de l'instance, il apprend que l'assuré a encouru une de ces déchéances, il est en droit de la relever, sans qu'on puisse lui objecter que le fait d'avoir suivi le procès suffisait pour couvrir cette déchéance : on ne peut, en effet, lui faire un grief de n'avoir pas invoqué un fait qu'il ignorait ; et nous supposons que la cause de déchéance ne lui a été révélée qu'au cours du procès. Dans un cas semblable, l'assureur, aussitôt prévenu, doit signifier à l'assuré un acte dans lequel il lui notifie la situation, et le met en demeure de reprendre personnellement et pour son propre compte la direction du procès en lui faisant, s'il y a lieu, connaître l'état de la procédure. Cette façon d'agir est absolument correcte ; et elle a été, d'ailleurs, sanctionnée par les tribunaux.

Nous avons vu plus haut dans quelles conditions l'assuré peut, à la suite de la suppression définitive des objets assurés, obtenir la résiliation de la police. De son côté, la Compagnie est tenue de garantir l'assuré pendant toute la durée du contrat, jusqu'à concurrence de la somme convenue. Mais comme, en réalité, on comprend qu'une Compagnie ne puisse, sous peine des plus graves conséquences, être tenue *in infinitum* des accidents qui peuvent survenir, les polices prévoient toujours le droit pour les assureurs de résilier les contrats. Seulement, il y aurait un abus évident à ce que cette faculté fût accordée sans de sévères restrictions ; aussi est-il stipulé que la Compagnie n'aura ce droit de résiliation qu'à la condition expresse que les accidents payés soient au moins égaux au montant des primes perçues, qui, dans tous les cas, demeurent acquises à la Compagnie. Une telle clause est absolument légitime, et l'assuré ne saurait s'en plaindre, puisque, en définitive, il ne peut avoir à en souffrir, les sommes qui auront été payées par lui devant toujours être, au moins, égales aux primes qu'il aura lui-même acquittées.

§ 2. — ASSURANCE CONTRE LES ACCIDENTS ÉPROUVÉS PAR LES CHEVAUX ET VOITURES DE L'ASSURÉ

Contre-assurance simple. — Contre-assurance étendue Tierce-assurance

Après avoir fait connaître les règles de l'assurance directe, ou assurance contre les accidents causés aux tiers par les chevaux et voitures de l'assuré, il nous reste à faire connaître celles qui sont applicables à l'assurance contre les accidents qui peuvent survenir à ces chevaux et voitures eux-mêmes.

Cette assurance comporte trois degrés :

1° L'assurance contre les accidents pouvant être causés aux chevaux et voitures de l'assuré par la faute des tiers, justifiée par témoins ; c'est la *contre-assurance simple* ;

2° L'assurance contre les accidents pouvant être éprouvés par les chevaux et voitures de l'assuré, même sans qu'il y ait faute d'un tiers, mais à la condition qu'il y ait eu contact avec la voiture d'un tiers, contact justifié par témoins ou autrement; c'est la *contre-assurance étendue;*

3° L'assurance contre les accidents pouvant être éprouvés par les chevaux et voitures de l'assuré, même sans qu'il y ait eu faute d'un tiers ou contact avec la voiture d'un tiers ; c'est la *tierce-assurance*, appelée aussi quelquefois, dans la pratique, le *sans contact.*

Disons tout de suite qu'un certain nombre des règles qui sont applicables à l'assurance directe, et que nous venons d'étudier, sont également applicables aux divers modes d'assurances dont nous nous occupons maintenant. Nous citerons, notamment, celles qui sont relatives à la propriété et à la conduite des chevaux et voitures assurés, aux endroits dans lesquels les accidents doivent avoir lieu pour que l'assurance produise ses effets ; les règles sur le paiement des primes, sur les délais et formalités de déclaration des accidents, sur la direction des procès, sur l'obligation de comprendre toutes les voitures et tous les chevaux dans la police, sur le droit réciproque de résiliation dans les circonstances que nous avons fait connaître, etc.

D'autres règles sont, au contraire, spéciales aux divers modes d'assurance qui nous occupent maintenant ; nous allons les faire connaître aussi brièvement que possible.

Un premier point à noter, c'est que, pour ces sortes d'assurance, la prime se calcule d'une façon absolument autre que pour l'assurance directe ; dans celle-ci, ce qui sert de base à ce calcul, c'est le chiffre de garantie que veut avoir l'assuré, indépendamment de la valeur propre des chevaux et des voitures qui font l'objet du contrat. C'est, au contraire, cette valeur même d'après laquelle est fixé le montant de la prime pour les contre-assurances et la tierce-assurance. Il est bien entendu, d'ailleurs, que le taux de la prime varie suivant que l'assuré adopte l'un ou l'autre mode d'assurance. Ainsi, pour fixer les idées, et d'une manière générale, pour la contre-assurance *simple*, la prime est de un pour cent de la valeur des voitures, et de deux pour cent de la valeur des chevaux ; pour la contre-assurance *étendue*, ce taux est respectivement de trois et six pour cent ; pour la *tierce-assurance*, il est de cinq et dix, ou de six et douze pour cent, suivant la profession des assurés (rentier, négociant, courtier, médecin, etc.), suivant la nature des objets assurés (chevaux et voitures de maître, ou de commerce, etc.).

Les parties contractantes peuvent adopter l'un ou l'autre des trois modes d'assurance, avec les conséquences qu'il comporte et que nous ferons connaître plus loin ; ainsi, s'il s'agit de la tierce assurance, la garantie s'étend aussi bien aux accidents dus à la faute de l'assuré lui-même ou de ses préposés qu'à ceux qui sont dus à la faute de tiers, sans qu'il y ait à s'occuper de savoir s'il y a eu, ou non, contact de voitures : qui peut le plus peut le moins. S'il s'agit, au contraire, de la contre-assurance étendue, la garantie couvrira bien les accidents dus à la faute de l'assuré ou de ses préposés, tout comme ceux dus à la faute des tiers, à la condition qu'il y ait eu contact de voitures, mais ne s'appliquera pas, par exemple, aux accidents résultant de la chute des chevaux ou du bris des voitures assurés sans contact avec d'autres chevaux ou d'autres voitures. Enfin, s'il ne s'agit que de la contre-assurance simple, la garantie ne s'appliquera qu'aux accidents résultant d'un contact avec la voiture ou le cheval d'un tiers, et dus à la faute justifiée de ce tiers.

Il arrive quelquefois que les trois contrats sont adoptés simultanément (contre-assurance simple, contre-assurance étendue et tierce-assurance), le taux de prime de la deuxième et de la troisième polices n'étant alors calculé que déduction faite de la prime qui est payée pour le premier et pour le deuxième : ainsi, en admettant les chiffres respectifs indiqués plus haut, de 1 et 2 $^o/_o$, 3 et 6 $^o/_o$, 6 et 12 $^o/_o$, on percevra : pour la contre-assurance simple une prime calculée à raison de 1 $^o/_o$ de la valeur de la voiture et de 2 $^o/_o$ de la valeur du cheval ; — pour la contre-assurance étendue, on percevra respectivement 2 et 4 $^o/_o$, qui, avec la prime déjà perçue pour la première police, font bien les 3 et 6 $^o/_o$ de cette assurance ; — enfin, pour la tierce-assurance, on ne percevra que 3 et 6 $^o/_o$, qui avec les primes perçues pour les deux premières polices, arrivent aux taux respectifs de 6 et de 12 $^o/_o$, exigibles pour la tierce-assurance.

Cette façon de procéder est loin d'être dénuée d'intérêt : elle en a, au contraire, un très grand, comme on va le voir. Nous avons expliqué plus haut, en parlant de l'assurance directe, que la Compagnie avait le droit absolu de résilier le contrat, à la condition que le total des accidents payés par elle s'élève au moins au total des primes qu'elle a perçues ; or, cette règle est applicable aux assurances contre les accidents arrivant aux chevaux et voitures de l'assuré, aussi bien qu'à l'assurance directe. On comprend donc que, suivant les circonstances, la Compagnie peut avoir un grand intérêt à avoir, par exemple, le droit de résilier la police de tierce-assurance, tout en conservant celles de la contre-assurance simple et de la contre-assurance étendue, ou même de résilier et la tierce-assurance et la contre-assurance étendue, en ne laissant subsister que la contre-assurance simple.

Après avoir ainsi expliqué le calcul de la prime applicable aux trois sortes d'assurance dont nous nous occupons, nous allons faire connaître les conséquences, tant pour l'assuré que pour l'assureur, de ces divers contrats.

La prime étant calculée sur la valeur des objets assurés, ainsi que nous l'avons expliqué, il est bien évident que sont seuls compris dans l'assurance, et garantis par la Compagnie, les objets pour lesquels il est perçu une prime : soit la voiture et le cheval, soit la voiture sans le cheval ou le cheval sans la voiture, soit l'un ou l'autre, avec ou sans les harnais ; en ce qui concerne ces derniers, il arrive souvent qu'un assuré ne se rend pas compte que, du moment qu'il a assuré, par exemple, une voiture attelée d'un cheval, la Compagnie refuse de lui tenir compte des avaries causées aux harnais ; rien n'est cependant plus naturel, puisque, ne payant pas de prime sur la valeur de ces harnais, il ne peut être fondé à réclamer une indemnité pour les dégâts qui leur sont causés. Il est donc indispensable de bien spécifier les objets sur lesquels on veut que porte la garantie de la Compagnie et de faire fixer une prime pour chacun desdits objets.

Par la *contre-assurance simple*, l'assuré est, comme nous l'avons dit, garanti contre les accidents causés à ses chevaux, voitures et harnais, par la faute des tiers ; il est donc nécessaire qu'il fournisse à la Compagnie la preuve de cette faute. Aussi les polices stipulent-elles qu'il devra toujours indiquer des témoins dont les déclarations établiront la responsabilité d'un tiers. Il peut se faire que, par suite des circonstances dans lesquelles se sera produit l'accident, le tiers responsable ne soit pas connu ; ou bien, aussitôt après l'accident, il se sera sauvé sans qu'il ait été possible de le rejoindre, ou bien il aura donné une fausse adresse. Aussi, quoique, en principe, les polices exigent que l'assuré fasse connaître les noms de l'auteur responsable, elles ajoutent que, si les circonstances l'ont mis dans l'impossibilité de fournir ce renseignement, il ne sera pas déchu de la garantie de la Compagnie.

Mais cela sera à la condition expresse qu'il fera connaître les noms des témoins établissant que l'accident est dû à la faute d'un tiers. La règle, pour cette assurance, est, en effet, que la Compagnie ait la preuve de cette faute, sans qu'il y ait à rechercher si elle aura ou non un recours effectif et utile à exercer, bien que la perspective de ce recours entre en ligne de compte dans le taux peu élevé de la prime qui est perçue pour cette sorte d'assurance. Il est donc inexact de prétendre que, dans la contre-assurance simple, la Compagnie est simplement le mandataire de l'assuré, chargé d'exercer aux risques et périls de ce dernier, un recours souvent aléatoire. Nous citerons d'abord, en effet, le cas où, l'auteur de l'accident étant inconnu, par suite des circonstances, mais sa responsabilité étant prouvée, la Compagnie devra désintéresser l'assuré, sans recours possible. Nous citerons encore le cas où cet auteur étant connu, et sa responsabilité démontrée, le recours de la Compagnie est illusoire, par suite de l'insolvabilité de ce tiers, cas auquel l'assuré sera encore indemnisé. Dans tous les cas, d'ailleurs, les frais judiciaires que peut exposer l'assureur ne peuvent être l'objet d'aucune répétition de sa part contre l'assuré.

La Compagnie est, par la police, substituée dans les droits et actions que l'assuré peut avoir à exercer contre l'auteur responsable de l'accident ; mais on comprend que, dans la pratique, cette substitution générale est insuffisante pour exercer un recours utile ; aussi, est-il stipulé que, dans le cas de contestation, l'assuré devra la renouveler dans les conditions qu'exigera la Compagnie ; ce qui veut dire que, par exemple, il devra donner à celle-ci un pouvoir spécial qui lui permette de poursuivre l'auteur responsable en remboursement du dommage, soit devant le tribunal de commerce, soit en justice de paix, etc. L'assuré qui se refuserait à donner ce pouvoir à la Compagnie s'exposerait à se voir opposer par elle la déchéance de toute garantie.

Une autre conséquence naturelle du contrat de contre-assurance simple, c'est que l'assuré, au point de vue du chiffre de l'indemnité, devra s'en rapporter à la décision du tribunal qui aura été saisi de la contestation : si par exemple, il a prétendu avoir éprouvé un préjudice de cent francs, et que le tribunal décide que ce préjudice n'a été que de cinquante francs, l'assuré devra se contenter de recevoir cette dernière somme, sans avoir rien de plus à réclamer à la Compagnie ; le tribunal statue, en effet, que la responsabilité du tiers n'est engagée que jusqu'à concurrence de cinquante francs, comme il pourrait juger qu'elle n'est point engagée du tout ; et, dans l'un comme dans l'autre cas, l'assuré doit s'en rapporter à sa décision.

Les polices de contre-assurance stipulent, d'autre part, que l'assuré n'a droit à être indemnisé que du préjudice que les tiers lui font éprouver au moment de l'accident, et qu'il ne lui est dû aucune indemnité pour la privation de jouissance des objets assurés. En principe, donc, il n'a rien à réclamer pour la location d'une voiture ou d'un cheval pendant le temps durant lequel il lui a été impossible de se servir de sa voiture avariée ou de son cheval blessé. Disons toutefois que, dans la pratique, les Compagnies ne se refusent pas, en général, à réclamer à l'auteur de l'accident une indemnité pour chômage du cheval ou privation de jouissance de la voiture, en même temps qu'elles réclament la somme due pour dépréciation et frais de traitement du cheval, ou pour réparations à la voiture.

Il est bien entendu, du reste, que le principe de la règle proportionnelle s'applique en matière d'assurance contre les accidents, de même qu'elle s'applique dans le contrat d'assurance contre l'incendie. Si donc, au moment de l'accident, la valeur du cheval et de la voiture est supérieure à celle qui a été déclarée, pour laquelle ils sont compris dans l'assurance, et d'après laquelle la prime est perçue, l'excédent de valeur ne serait pas couvert par la police ; l'assuré serait, pour cet excédent, resté son propre assureur et supporterait la perte concurremment avec la Compagnie, en proportion du dommage. Supposons, par exemple, un cheval assuré mille francs, et qui, au moment de l'accident, est reconnu valoir deux mille francs ; s'il est, par cet accident, déprécié de moitié de sa valeur, la Compagnie, qui ne l'assurait que mille francs, ne devra que la moitié non pas de la valeur réelle, mais de la valeur assurée, et ce n'est que jusqu'à concurrence de cette moitié, soit cinq cents francs, qu'elle sera tenue vis-à-vis de l'assuré, qui sera resté son propre assureur pour une somme égale.

Par contre, si les objets assurés étaient, au moment de l'accident, d'une valeur inférieure à celle pour laquelle ils ont été compris dans la police, la Compagnie serait seulement responsable de la perte réelle et constatée, et l'assuré ne pourrait se prévaloir des termes du contrat pour réclamer une somme supérieure à cette perte effective : l'assurance, en effet, ne peut jamais être une cause de bénéfices pour l'assuré.

La contre-assurance *étendue* tient le milieu, si l'on peut ainsi parler, entre la contre-assurance simple et la tierce-assurance. Ce qui la différencie de la première, c'est qu'elle s'applique aussi bien aux accidents qui sont dus à l'imprudence et à la maladresse de l'assuré ou de ses préposés qu'à ceux qui sont occasionnés par la faute des tiers. Ce qui la distingue de la tierce-assurance, c'est que, pour qu'elle produise ses effets, il est indispensable que les accidents soient le résultat d'un contact avec la voiture ou le cheval d'un tiers, contact qui doit être prouvé par témoins. Il nous paraît intéressant, au sujet de cette assurance, de signaler un jugement du tribunal de commerce de la Seine, du 8 mars 1893, mentionné dans le *Moniteur des Assurances* du 15 juin 1893, p. 202 ; il en résulte que, dans une police garantissant le propriétaire d'un attelage contre le risque du contact des chevaux appartenant à des tiers, les termes du contrat stipulant, pour qu'il y ait garantie, la nécessité d'un contact entre le cheval de l'assuré, victime de l'accident, et la voiture ou le cheval de l'auteur de l'accident, doivent être interprétés en ce sens que la garantie est due dès que le cheval ou la voiture d'un tiers a touché l'attelage de l'assuré, alors même que le contact aura eu lieu, non avec le cheval blessé, mais avec l'un des animaux du même attelage. Cette décision a certainement fait une interprétation équitable du contrat de contre-assurance étendue.

Quant au contrat de *tierce-assurance*, on peut dire qu'il garantit, sans exception, l'assuré contre tous les accidents, quels qu'ils soient, qui peuvent arriver à ses chevaux et à ses voitures. Peu importe que ces accidents soient dus à la faute d'un tiers ou à celle de l'assuré lui-même et de ses préposés ; peu importe qu'ils aient lieu par suite du contact avec le cheval ou la voiture d'un tiers, ou qu'ils aient lieu sans contact de cette nature, et que, par exemple, ils soient dus au versement de la voiture ou à la chute du cheval ; du moment qu'il s'agit, à proprement parler, d'un accident, la Compagnie est responsable et doit indemniser l'assuré du préjudice qu'il a éprouvé. Il est bien entendu, d'ailleurs, qu'il ne s'agit ici ni d'un contrat d'entretien des voitures ni d'une assurance contre la mortalité du bétail ; de telle sorte que l'assureur n'est responsable ni de l'usure des voitures, ni de la mort ou des blessures des chevaux provenant de maladies.

Toutefois, si étendue que soit l'obligation de la Compagnie, le contrat ne retire pas à celle-ci le droit d'exercer un recours contre l'auteur responsable d'un accident ; et, bien que l'assuré ne soit pas tenu, avec ce contrat, de lui fournir, au moyen de témoins ou autrement, la possibilité d'exercer ce recours, c'est pour lui une question de loyauté et de bonne foi, tout en se faisant payer par elle l'indemnité stipulée, de lui donner, s'il y a lieu, les moyens d'exercer un recours.

Certaines Compagnies stipulent que, en cas d'accident arrivant à un cheval, s'il s'agit de mort, le délai pour en faire la déclaration est réduit à vingt-quatre heures ; d'autres disposent que la somme due par la dépréciation d'un cheval nouvellement couronné ne pourra jamais dépasser vingt-cinq pour cent de la valeur déclarée de ce cheval. Sur ces points, et sur d'autres analogues, il faut s'en rapporter aux termes mêmes de la police.

En ce qui concerne le recours de l'assureur contre le tiers auteur de l'accident, nous croyons devoir reproduire certains passages empruntés aux *Pandectes françaises*, V° Assurances contre les accidents, n°s 623 et suivants. « Dans l'hypothèse d'une contre-assurance étendue ou d'une tierce-assurance, la Compagnie doit payer elle-même à son assuré le montant du dommage éprouvé. C'est elle qui est débitrice, et c'est d'elle seule que l'assuré doit obtenir le paiement de ce qui lui est dû. On comprend, toutefois, que si l'accident a été causé par la faute d'un tiers, ce dernier ne se trouvera pas exonéré de sa responsabilité par le fait de l'assurance qu'avait contractée le lésé, et à laquelle lui, tiers, est absolument étranger. Si donc la Compagnie a les éléments nécessaires pour exercer un recours contre ce tiers, elle a le droit de le faire. Comment, alors, procédera-t-elle? Le plus souvent, dans la pratique, en désintéressant son assuré, elle se fait donner par lui le pouvoir nécessaire pour poursuivre, comme cela a lieu dans le cas de contre-assurance simple, avec cette différence qu'elle doit toujours payer le dommage subi.

« La Compagnie peut aussi se faire subroger par son assuré dans ses droits et actions contre l'auteur responsable de l'accident, et le poursuivre, en son nom personnel, en remboursement du dommage qu'elle a dû payer. Mais, ici, une question se présente : la subrogation peut-elle être générale et donnée à l'avance ?... Tout d'abord, il faut remarquer qu'il ne peut être question ici de subrogation légale.... A défaut de subrogation légale, la Compagnie pourrait-elle user de la subrogation conventionnelle stipulée d'avance dans la police ? La question de savoir si la subrogation conventionnelle est valable quand elle est consentie d'avance, a été longtemps discutée ; et, bien qu'elle es ait été tranchée par l'affirmative, la Compagnie pour agir en son nom personnel contre le tiers responsable, ferait bien de se faire donner par l'assuré une quittance subrogative ; la clause de la police contenant l'obligation de la subroger lui servira pour contraindre, au besoin, son assuré à lui donner cette quittance subrogative, et c'est en vertu de celle-ci qu'elle exercera le recours.

» C'est, d'ailleurs, en vertu des règles du droit commun (art. 382 et suiv., C. civ.) que ce recours sera exercé : en effet, ce que doit l'auteur du dommage, c'est la réparation de ce dommage, rien de plus ; peu importe la somme, fixée par une convention aléatoire, que la Compagnie aura payée à l'assuré, et pour laquelle elle aura été subrogée à celui-ci ; ce n'est pas le remboursement de cette somme que doit le tiers responsable, c'est le dédommagement du préjudice qu'il a causé. En un mot, la subrogation n'engendre pas, en faveur de la Compagnie, une action en remboursement intégral de la somme par elle versée ; elle ne lui donne que l'action en dommages-intérêts appartenant au lésé contre l'auteur de l'accident, conformément aux articles 1382 et suivants du Code civil. »

Disons, en terminant, qu'on trouvera un grand nombre de décisions importantes relatives aux divers modes de l'assurance contre les accidents des chevaux et voitures dans les Revues de jurisprudence publiées dans les numéros du *Moniteur des Assurances* des 15 juin 1893, p. 202 ; 15 décembre 1892, p. 526 ; 15 juin 1892, p. 225 ; 15 décembre 1891, p. 528 ; 15 juin 1891, p. 192 ; et 15 décembre 1890, p. 666.

Nous avons dit, au début de ce travail (voir le *Moniteur des Assurances* du 15 février 1893), que nous nous occuperions successivement des accidents matériels et des accidents corporels ; et que, après avoir étudié les polices d'assurance contre les accidents des chevaux et voitures, nous aborderions de suite l'assurance contre le bris des glaces, celle contre la mortalité du bétail, etc., remettant à la seconde partie les assurances contre les accidents corporels (collective et individuelle).

Nous avons maintenant terminé l'étude des contrats d'assurance contre les accidents des chevaux et voitures, qui sont les plus importants parmi ceux destinés à garantir les accidents matériels (*Moniteur des Assurances* du 15 novembre 1893) ; et nous demandons au lecteur la permission d'intervertir l'ordre de travail que nous nous étions d'abord proposé de suivre. Les assurances contre les accidents corporels, principalement l'assurance collective des ouvriers, présentent, surtout depuis quelques années, avec le développement croissant de l'industrie, et en raison des projets à l'étude au Parlement, un intérêt de plus en plus grand, et les questions qu'elles soulèvent acquièrent une importance chaque jour plus considérable.

Il nous paraît donc opportun de commencer, dès aujourd'hui, à nous occuper des contrats d'assurance collective, d'assurance de la responsabilité civile et d'assurance individuelle ; ils feront l'objet des chapitres qui vont suivre, et nous reporterons, en conséquence, à la fin de ces études ce qui est relatif à l'assurance contre le bris des glaces, contre la mortalité du bétail, contre la grêle, etc. : ces divers contrats, qui ne sont pas, d'ailleurs, dépourvus d'intérêt, n'ont qu'une importance relativement minime, et leur étude nous a semblé pouvoir, sans grand inconvénient, être ajournée.

DEUXIÈME SECTION

Observations préliminaires

Comme toutes les autres branches d'assurances, la branche-accidents corporels est exploitée par des Sociétés organisées soit sous la forme de la mutualité, soit sous la forme anonyme, soit sous toute autre forme. Mais il est à remarquer que, à la différence des Compagnies d'assurances sur la vie, les Sociétés d'assurances contre les accidents sont, comme celles d'assurances contre l'incendie, comme les Compagnies d'assurances maritimes, etc., dispensées de la double obligation de l'autorisation et de la surveillance du gouvernement. L'opinion contraire a quelquefois été soutenue, notamment par M. Malapert *(Journal des Sociétés civiles et commerciales*, septembre 1883, et année 1884, p. 257). Mais cette théorie est absolument erronée *(Moniteur des assurances*, 15 octobre 1883, et *Journal des Sociétés civiles et commerciales*, 1886); nous nous contenterons de résumer ici les arguments développés ailleurs en faveur de la liberté dont jouissent, suivant nous, les Sociétés dont nous nous occupons.

Tout d'abord, un fait capital domine la question : c'est les termes formels de la loi du 24 juillet 1867, qui, dans son article 21, dispose, d'une manière générale, que « à l'avenir, les Sociétés anonymes pourront se former sans l'autorisation du Gouvernement » et, dans l'article 66, formule, à ce principe, une exception strictement limitée, quand elle dit : « Les associations de la nature des tontines et les Sociétés d'assurances sur la vie restent soumises à l'autorisation et à la surveillance du Gouvernement. *Les autres Sociétés d'assurances pourront se former sans autorisation* ». En présence d'une disposition aussi claire, aussi précise, il faudrait, par une appréciation inadmissible des choses, et en faisant subir aux mots on ne sait quelle torture, assimiler les Compagnies d'assurance contre les accidents aux Compagnies d'assurance sur la vie

Or, une semblable assimilation est de toute impossibilité. Qu'est-ce, en effet, qu'un contrat d'assurance sur la vie, à ne considérer, bien entendu, que l'hypothèse de l'assurance en cas de mort, la seule dont il y ait à s'occuper ici ? C'est un engagement réciproque entre l'assureur et l'assuré, aux termes duquel le premier s'oblige à payer, au décès du contractant, à quelque époque qu'il arrive, et quelle qu'en soit la cause, une somme déterminée, tandis que le second s'oblige à payer, sa vie durant, une prime basée sur les théories mathématiques de la longévité humaine. Chaque âge a son tarif, à chaque contrat est affectée une réserve qui lui est propre et dont la quotité est strictement déterminée par les calculs les plus exacts. Les sinistres sont prévus d'avance, et fatalement tout contrat d'assurance sur la vie est tôt ou tard frappé de sinistre, pourvu, bien entendu, que les primes aient été régulièrement payées.

Au contraire, dans le contrat d'assurance contre les accidents, le cas de mort n'est, pour ainsi dire, que l'accessoire ; l'assurance a pour but de payer au bénéficiaire du contrat une indemnité graduée suivant l'importance de l'accident dont il pourra être victime, selon qu'il aura pour conséquence une incapacité permanente ou temporaire, absolue ou relative de travail, indemnité dont le *quantum* est fixé même si l'accident entraine la mort. Tandis que, dans l'assurance sur la vie, le sinistre se produit toujours, d'une façon inéluctable, et sans qu'il puisse y avoir de degrés dans sa gravité ; il peut, au contraire, dans l'assurance contre les accidents, survenir dans des conditions plus ou moins graves ; il peut même ne jamais arriver. En outre, les Compagnies-Accident ne doivent une indemnité en cas de décès qu'à la condition expresse que ce décès soit dû à un accident ; elles n'ont rien à payer s'il se produit de toute autre manière. Enfin, il y a des contrats d'assurance contre les accidents qui, d'un commun accord, excluent le cas de décès, ce qui ne peut se produire dans l'assurance sur la vie. Comme on le voit, l'assimilation est tout à fait impossible entre les deux contrats et, par suite, entre les deux groupes de Sociétés.

Il est bon, d'ailleurs, de remarquer que la nouvelle législation sur les sociétés n'a, à cet égard, rien changé à la loi de 1867 ; et l'exposé des motifs disait formellement : « les autres sociétés d'assurance avaient été dispensées de l'autorisation en 1867, parce qu'elles présentent des dangers moindres, qu'elles ne sont pas fondées sur l'aléa de la vie humaine, qu'elles n'usent pas de tables de mortalité inconnues des contractants, etc.»

La jurisprudence judiciaire et administrative n'a jamais varié, et est nettement fixée dans le sens de l'opinion que nous soutenons ; nous citerons, notamment, un arrêt de la deuxième chambre de la Cour de Paris, du 25 mars 1872 (*Journal des Assurances*, juin 1873, p. 34), divers jugements du tribunal civil de la Seine, des 2 février 1875 et 11 janvier 1876 (*Ibid.* juin 1875, p. 221, et juin 1876, p. 223) ; et, entre autres avis du Conseil d'Etat, ceux des 10 octobre 1872 (Dalloz, *Recueil Périodique*, année 1872, troisième partie, p. 65), 8 avril 1880 (*Journal des Assurances*, mai 1880, p. 165), 11 février 1868, etc. (Rapport de M. Henri Chauchat au Conseil d'Etat, 15 janvier 1875, p. 9).

En résumé, « liberté absolue pour toutes les Compagnies d'assurance, pourvu qu'elles se conforment aux prescriptions de la loi sur les sociétés, c'est le droit commun. Au contraire, autorisation préalable et surveillance permanente du Gouvernement pour les tontines et les Compagnies d'assurances sur la vie, c'est l'exception », et il est de règle qu'une exception ne peut être étendue par voie d'interprétation.

Définition. — Généralités

D'une façon générale, l'assurance collective est celle qui est souscrite par un patron, un chef d'établissement, le directeur d'une corporation ou d'une société de secours mutuels, etc., au profit des personnes qui sont ou seront employées à son service, ou attachées à la Société. Elle a pour but de garantir le paiement à ces personnes ou à leurs familles d'une indemnité fixée d'avance, dans le cas où, pendant l'exercice de leur travail, et même par leur propre imprudence, elles seraient victimes d'un accident entraînant soit leur mort, soit une infirmité plus ou moins grave, soit une incapacité plus ou moins longue de travail.

Donc « c'est le patron qui contracte avec l'assureur ; seul il intervient au contrat, c'est en son nom personnel qu'il le souscrit, c'est lui qui est l'assuré. Quant à ses ouvriers ou employés, ils n'y interviennent à aucun titre : ce n'est pas en leur nom, ce n'est pas pour leur compte que leur patron a contracté ; c'est dans leur intérêt, ce qui est bien différent. Ils sont les bénéficiaires de l'assurance, ils ne sont ni directement, ni indirectement, contractants. Ainsi envisagée, l'assurance collective contre les accidents est une assurance de réparation. » (*Pandectes françaises*, v°. Assurance contre les accidents, n° 189).

A côté, comme annexe, comme complément de cette assurance de réparation, il est généralement contracté une police dite « de responsabilité civile », qui a pour objet de garantir le patron, jusqu'à concurrence de la somme déterminée par le contrat, contre les conséquences pécuniaires de la responsabilité civile pouvant lui incomber, à l'occasion des accidents dont ses ouvriers sont victimes au cours de leur travail. On comprend, en effet, qu'il peut arriver que, en dehors de toute faute, de toute négligence, de toute imprudence de l'ouvrier, un accident se produise par suite de l'installation défectueuse de l'atelier ou du matériel, du mauvais état d'entretien des machines ou des outils, de défaut de surveillance du patron ou de ses préposés, par suite encore d'une faute commise par l'une des personnes dont il doit répondre, etc. ; dans ces divers cas, la responsabilité civile du chef d'entreprise est ou peut être engagée ; il a donc un intérêt incontestable à s'assurer contre les conséquences pécuniaires que peut entraîner pour lui cette responsabilité. Tel est l'objet de la police annexe dont nous parlons.

« Le contrat d'assurance collective peut constituer un acte de pure bienfaisance, de pure générosité, de la part du patron à l'égard de ses ouvriers; il en est ainsi quand, sans leur faire subir aucune retenue sur leurs salaires, sans les faire participer en rien au paiement de la prime, il acquitte celle-ci de ses propres deniers. Il est bien certain qu'alors l'indemnité payée à la victime ou à ses ayants-droit est une véritable libéralité que leur fait le chef d'industrie, non pas en la leur payant lui-même personnellement, mais en leur en assurant le bénéfice par la charge qu'il a assumée seul d'acquitter la prime.

» Dans ce cas, la victime, outre qu'elle ne doit pas avoir d'action directe contre la Compagnie assureur, n'en a, non plus, aucune contre son patron pour le contraindre à lui payer l'indemnité résultant d'un contrat auquel elle est absolument étrangère, et qui, d'ailleurs, et d'autre part, ne diminue en rien son droit de réclamer des dommages-intérêts au patron dont, par le fait de l'accident, la responsabilité peut se trouver engagée dans les termes du droit commun (art. 1382 et suiv. du Code civil).

» Si, au contraire, le patron faisait subir à ses ouvriers une retenue sur leur salaire pour faire face aux charges de l'assurance, ou si, de toute autre manière, il les faisait contribuer, dans une proportion plus ou moins large, au paiement de la prime, la situation serait évidemment différente. Cette retenue ou cette contribution quelconque serait le résultat d'un contrat, tacite au moins, intervenu entre l'ouvrier et le patron, aux termes duquel celui-ci, soit qu'il contribue personnellement au paiement d'une fraction plus ou moins grosse de la prime, soit que les versements faits par les ouvriers suffisent à l'acquitter intégralement, devrait faire jouir la victime d'un accident de l'indemnité correspondant à la gravité de cet accident. S'il ne le faisait pas, la victime ou ses ayants cause auraient le droit de la lui réclamer par les voies judiciaires : mais, dans un cas pas plus que dans l'autre, cet ouvrier victime n'a aucune action à exercer ni aucun droit à faire valoir directement contre la Compagnie d'assurances avec laquelle il n'a pas traité, qu'il ne connaît pas, et qui n'a pas d'action contre lui pour le paiement de la prime ou de la fraction de prime lui incombant. »

Nous reviendrons, du reste, plus tard sur cette question, en nous occupant de l'action que la victime ou ses ayants-droit peuvent avoir à exercer contre l'assureur.

Calcul de la prime.

D'une façon générale, les primes de l'assurance collective sont établies soit à forfait (quand le nombre des ouvriers est très limité), soit sur le montant du salaire, à raison de tant pour cent du chiffre de ce salaire, soit par journée de travail de dix heures. Dans ces deux derniers cas, la prime se paie à terme échu, soit tous les mois, soit trimestriellement ; dans le premier cas, elle est payable d'avance.

Pour la fixation du taux des primes, les Compagnies d'assurances ont divisé toutes les professions en un certain nombre de classes, d'après le danger respectif qu'elles présentent, en appliquant à chacune des classes, d'après cette distinction, un tarif particulier. Quant à certaines professions plus spécialement dangereuses, elles sont *réservées*, et, pour elles, les primes sont établies de gré à gré, suivant les circonstances, au moment de la signature des contrats.

Le plus souvent, les polices de responsabilité civile ne stipulent pas de prime spéciale pour ce risque ; il ne faudrait pas en conclure que les Compagnies le garantissent gratuitement : la portion de primes afférentes à cette assurance est seulement comprise dans la prime stipulée pour l'assurance collective et calculée en conséquence. C'est en ce sens qu'il faut entendre les contrats dans lesquels il est dit que la Compagnie garantit « sans supplément de prime » la responsabilité civile des patrons : la prime est, en effet, un élément essentiel du contrat d'assurance, au même titre que le risque à couvrir. D'ailleurs, les polices de certaines Compagnies fixent une prime particulière dans la police même de responsabilité.

Quand la prime est établie à forfait, ce qui, ainsi que nous venons de le dire, a lieu lorsque le nombre des personnes à assurer est peu élevé, cette prime est fixée d'avance par la police, et d'après le tarif, à *tant* par personne assurée et par an ; elle se paie d'avance et généralement par année, quelquefois par semestre. Ce mode de perception de la prime s'applique, par exemple, pour l'assurance des cochers, des palefreniers, des domestiques, etc.

Quand, au contraire, la prime est établie à *tant pour cent* du salaire, ou à *tant* par personne et par journée de travail effectuée, on comprend qu'elle ne peut être payable d'avance : il est, en effet, nécessaire, pour en calculer le montant, que l'on connaisse le chiffre des salaires qui ont été payés pendant la période pour laquelle elle est due, ou le nombre des journées de travail accomplies pendant la même période par le personnel compris dans la police.

Ce calcul se fait d'après les déclarations remises tous les mois ou tous les trois mois, suivant les conditions du contrat, par le patron à la Compagnie. Ou bien le patron fait connaître à celle-ci le montant total des salaires qu'il a payés à l'ensemble de son personnel ; et, au moyen d'une opération très simple, la Compagnie calcule le chiffre de la prime due, en divisant le chiffre des salaires par le taux de la prime : si, par exemple, le taux de celle-ci a été fixé à 2 °/₀, et que les salaires payés pendant le trimestre écoulé aient été de 10,000 francs, la prime à payer est de 200 francs. — Ou bien, quand on a pris pour base de la prime le nombre de journées de travail, le patron déclare à la Compagnie le nombre total de journées pendant lesquelles son personnel a travaillé, ou le nombre d'heures de travail effectuées ; et la Compagnie, par un calcul aussi simple que le précédent, établit le montant de la prime due, en prenant pour unité la journée de dix heures de travail.

Il faut, bien entendu, pour que ces déclarations puissent être sérieuses et sincères, que le chef d'industrie ait la possibilité de faire, aux époques fixées par le contrat, un relevé méthodique et complet. Aussi les polices exigent-elles que les noms et salaires de toutes les personnes comprises dans l'assurance soient régulièrement inscrits sur des feuilles de paie, carnets de chantier, livres, etc., et c'est d'après ces documents que le patron doit faire à la Compagnie ses déclarations périodiques, à charge des pénalités dont nous parlerons plus loin.

Il peut se faire qu'un assuré se refuse à faire ces déclarations, et que, par suite, la Compagnie se trouve dans l'impossibilité de calculer le montant de la prime due. Que se passera-t-il alors? L'assureur devra-t-il réclamer des dommages-intérêts, ou a-t-il un autre moyen d'action? Les Compagnies ont pensé que, ayant une base d'appréciation dans les primes antérieurement payées, elles pouvaient réclamer une somme fixée par évaluation. Le Tribunal de commerce de la Seine a plusieurs fois sanctionné cette façon de procéder, notamment par un jugement du 17 mai 1890 (*Moniteur des Assurances*, 15 juin 1892, p. 265) ; l'assureur peut invoquer tous les moyens d'information à sa disposition, et ne doit pas, par suite de la mauvaise volonté ou de la force d'inertie d'un assuré, attendre indéfiniment ce qui lui est légitimement dû. Pour éviter toutes difficultés, la Compagnie fera bien, dans l'assignation par laquelle elle réclame une prime par évaluation, d'insérer des réserves d'augmenter ultérieurement sa demande, dans le cas où il résulterait de l'examen des livres de l'assuré, enfin communiqués, que la prime réellement due est plus élevée que celle d'abord réclamée, et de faire offre de diminuer, dans le cas contraire, le chiffre de sa demande. Avec une semblable réduction, on ne peut faire à la Compagnie aucun reproche, puisque c'est seulement le refus par l'assuré de faire la déclaration prescrite par la police qui l'a mise dans l'impossibilité de faire une réclamation précise et exacte.

Nous signalerons tout de suite un jugement du Tribunal civil de la Seine, du 29 décembre 1890 *(Droit* du 1er février 1891), qui a fait bonne justice de la prétention des assurés, qui s'imaginent qu'il leur suffit de ne pas payer les primes (ou de ne pas faire les déclarations prescrites en vue d'en calculer le chiffre) pour être affranchis des obligations d'un contrat qui a cessé de leur plaire.

Ce jugement a décidé, en effet, que le défaut de paiement des primes, ou le refus par l'assuré de payer les primes, n'entraînait pas *ipso facto* la résiliation de la police ; et que, en conséquence, si la police ne contenait pas une clause de résiliation de plein droit, ou si, à défaut de cette clause, l'assureur ne demandait pas en justice la résiliation, conformément à l'article 1184 du Code civil, l'obligation de l'assureur subsistait aussi bien que celle de l'assuré, et le contrat continuait ses effets. C'est la Compagnie d'assurances qui, dans l'espèce dont il s'agit, invoquait le non-paiement des primes pour obtenir la résiliation de la police ; mais, on le voit, la solution donnée par le jugement est générale, et s'applique aussi bien au cas où l'assuré prétendrait se créer à lui-même un moyen de résiliation en ne payant pas les primes, ce qui serait vraiment par trop commode.

L'obligation imposée à l'assuré de tenir des feuilles de paie, carnets de chantier, etc., n'a pas seulement pour objet de lui permettre de fournir des relevés réguliers à la Compagnie ; elle a aussi pour but de permettre à celle-ci de contrôler la sincérité des déclarations qui lui sont ainsi faites. Aussi, les polices stipulent-elles que la Compagnie a toujours le droit de faire vérifier par des délégués de son choix l'exactitude de ces déclarations sur tous les registres et pièces de comptabilité de l'assuré. En dehors d'une stipulation formelle du contrat, le droit de contrôle de la Compagnie résulte, d'ailleurs, des principes généraux en matière d'obligation, et aussi des dispositions de l'article 336 du Code de commerce, qui est ainsi conçu : « En cas de fraude dans l'estimation des effets assurés, en cas de supposition ou de falsification, l'assureur peut faire procéder à la vérification et estimation des objets, sans préjudice de toutes autres poursuites, soit civiles, soit criminelles. »

Il faut remarquer, d'ailleurs, que ce droit d'examen et de contrôle n'est pas limité à la période pour laquelle a été faite la dernière déclaration fournie ; que si, d'une façon quelconque, la Compagnie venait à apprendre qu'il lui a été fait antérieurement des déclarations inexactes et mensongères, elle aurait incontestablement le droit de faire procéder à une vérification rétrospective ; et que si, comparant les résultats de cet examen avec les déclarations qu'elle a reçues, elle s'apercevait qu'elle a été victime d'une fraude, elle pourrait agir contre le patron en vertu du droit que lui donne la police.

Nous sommes ainsi amené à étudier les déchéances qu'entraînent soit le non-paiement des primes, soit les dissimulations dans les déclarations.

La sanction de l'obligation pour l'assuré de déclarer exactement les salaires par lui payés ou les heures de travail effectuées par son personnel, et d'acquitter les primes échues réside dans la déchéance encourue par lui en cas d'accident frappant l'un de ses ouvriers. Voici comment s'exprime, à cet égard, la police d'une Compagnie : « A défaut de l'accomplissement de ces obligations (déclarations trimestrielles, et justification par les pièces de comptabilité,) ou à défaut du paiement de la prime aux époques ci-dessus indiquées, et quarante-huit heures après l'envoi par la Compagnie d'une lettre recommandée, considérée, de convention expresse entre les parties, comme une mise en demeure suffisante, l'effet de l'assurance sera suspendu, mais la Compagnie conservera le droit d'exiger de l'assuré le paiement des primes échues ou à échoir ; elle pourra même résilier la police par simple lettre recommandée. » — Une autre police stipule que, trois jours après l'envoi fait au souscripteur par la Compagnie d'une lettre recommandée portant réclamation de la déclaration ou rappel de l'échéance, l'effet de l'assurance est suspendu, et la Compagnie, bien qu'elle conserve tous ses droits pour le recouvrement des primes échues ou à échoir, n'est plus responsable des accidents qui pourraient survenir, jusqu'au lendemain à midi, soit du jour où ladite déclaration parviendra à la Compagnie, soit de celui où les primes arriérées auront été payées, ainsi que les frais de poursuite et d'enregistrement de la police, qui sont à la charge du souscripteur ».

Sans qu'il soit nécessaire de reproduire ici les termes d'autres polices, il nous suffira de remarquer que le principe d'une mise en demeure est toujours adopté, mise en demeure après laquelle, si elle reste sans effet, l'assurance est suspendue, bien que l'assuré reste tenu au paiement des primes échues et à échoir ; c'est-à-dire que le souscripteur est déchu de ses droits, tout en restant tenu de ses obligations, ce dont il ne saurait se plaindre, puisque c'est lui qui est en faute.

Les *Pandectes françaises* (*ubi supra*, n° 289) ont très bien résumé la situation dans les termes suivants : « Les engagements de la Compagnie sont basés sur la sincérité des déclarations du souscripteur, aussi bien de celles qui sont faites au moment même de la rédaction du contrat, que de celles qui doivent être faites postérieurement. En fait, il est matériellement impossible à l'assureur de contrôler spécialement les déclarations qui lui sont faites par chacun de ses assurés sur l'importance de la main-d'œuvre par lui employée : une semblable vérification, se renouvelant tous les trois mois sur un grand nombre de polices, est tout à fait impraticable. Aussi le contrat renferme-t-il, pour le cas où une déclaration frauduleuse ou seulement inexacte serait reconnue avoir été faite, diverses pénalités qui, dans l'ensemble, et sauf les diversités de Compagnie à Compagnie, peuvent se résumer comme il suit : — L'assuré est tenu rétroactivement de payer les primes afférentes aux risques qu'il est établi qu'il n'a pas déclarés, à quelque époque du contrat qu'ils remontent, et pour quelque laps de temps que ce soit ; il est tenu, en outre, de rembourser à la Compagnie toutes les sommes qui ont été payées par elle à l'occasion de sinistres, et même pour ceux arrivés à des ouvriers pour lesquels la prime aurait été régulièrement payée. Enfin, la Compagnie a le droit réclamer des dommages-intérêts, soit à raison du préjudice qui lui a été causé, et qui peut résulter, par exemple, pour elle de l'obligation de résilier un contrat sur les bénéfices duquel elle a pu légitimement compter et qu'il lui est impossible de conserver, à cause de la mauvaise foi que son co-contractant met à l'exécuter, soit simplement comme pénalité de sa mauvaise foi. »

Ces diverses pénalités, conformes aux principes généraux du droit, ont été sanctionnées par plusieurs décisions judiciaires. Ainsi, un arrêt de la Cour de Rouen, du 15 mars 1880, confirmant un jugement du Tribunal civil de la même ville, du 1er juillet 1879 *(Journal des Assurances*, 1883, p. 147), a reconnu que, quand un assuré ne déclare pas exactement le chiffre de sa main-d'œuvre, il fait une fausse déclaration et commet une réticence, et que, à partir de l'année dans laquelle ont eu lieu la réticence et la fausse déclaration, les indemnités ne sont plus dues, et qu'elles sont restituables si elles ont été payées (Voir encore : Aix, 12 février 1884 ; Cassation, 11 janvier 1886).

Un arrêt de la Chambre des requêtes de la Cour de cassation, du 7 juillet 1892 *(Journal des Assurances* du 1er octobre 1892, p. 428), a formellement consacré le droit de l'assurance de contrôler les noms et les salaires des ouvriers et de suspendre l'effet de l'assurance ; mais la Cour suprême ajoute que ce contrôle doit être fait en temps opportun, sinon il est tardif, et la Compagnie n'est plus fondée à opposer la déchéance. Les mots « en temps opportun » sont quelque peu élastiques ; il faut évidemment, pour leur interprétation, s'en référer d'abord aux termes de la police ; et, en tous cas, ce n'est qu'à partir du moment où la Compagnie a certainement connu les dissimulations qu'on peut considérer qu'elle était en demeure d'user de la clause de déchéance.

Les polices stipulent généralement un délai de grâce, d'abord pour faire les déclarations de salaires ou de journées de travail (cinq jours généralement après l'expiration du trimestre), et ensuite, pour payer la prime calculée d'après ces déclarations (dix jours, par exemple).

Les Compagnies ayant été obligées par l'administration des domaines de contracter un abonnement au timbre, les primes sont augmentées, chaque trimestre, de l'impôt proportionnel établi par la loi de finances du 29 décembre 1884.

Enfin, une des conditions de la police prescrit le paiement par l'assuré, à titre de coût de contrat ou de droit d'admission, d'une somme qui est presque toujours fixée à deux francs par personne comprise dans l'assurance. Le coût de contrat ou droit d'admission se paie au moment de la signature de la police, et n'est, bien entendu, exigible que la première année ; il est tout à fait indépendant de la prime.

Après avoir ainsi étudié de quelle manière se calcule cette prime, nous allons rechercher quelle est l'étendue de l'assurance, tant en ce qui concerne les personnes qui y sont comprises, qu'en ce qui concerne les droits qu'elle donne soit à elles, soit au souscripteur, au point de vue des indemnités.

ÉTENDUE DE L'ASSURANCE

En principe, et à moins de stipulation contraire, l'assurance collective comprend toutes les personnes que l'assuré emploie, à quelque titre que ce soit, dans l'exercice et l'exploitation de son industrie ou de son commerce. Les polices sont, en général, à cet égard, très explicites ; dans l'une, on lit : « L'assurance porte sur toutes les personnes que l'assuré occupe ou pourra occuper pendant le cours de cette police, à sa solde ou à la solde de tâcherons, et dont les noms et salaires doivent être régulièrement inscrits sur ses feuilles de paie, carnets de chantier, livres, etc., pour servir de base à la perception de la prime. » Une autre stipule : « Cette assurance, sauf dérogation spéciale, englobe tous les ouvriers composant le personnel de l'industrie et figurant depuis depuis deux jours au moins sur les livres de paie, à l'exception de ceux qui ont moins de douze ou plus de soixante-cinq ans révolus, ou qui sont atteints d'infirmités graves et permanentes », etc.

Le point de départ pour le calcul et la perception de la prime est ainsi bien nettement établi. On comprend, d'ailleurs, les erreurs, les abus et les fraudes auxquels pourrait donner lieu la liberté qui serait laissée à l'assuré de ne déclarer qu'une partie de son personnel, et de ne payer de prime que pour cette fraction : il ne comprendrait dans les relevés périodiques qu'il doit fournir à la Compagnie que ceux de ses ouvriers qui seraient plus exposés que les autres, dont le travail serait plus dangereux, — ou bien que ceux dont le salaire serait le moins élevé ; et la Compagnie, exposée à payer des indemnités à des ouvriers de toutes les catégories, se trouverait infailliblement lésée : les tarifs de primes ont été, en effet, calculés d'après une moyenne de risques courus par l'ensemble des ouvriers d'une industrie, ou d'après la moyenne des salaires payés habituellement aux personnes exerçant une profession déterminée, et les prévisions de l'assureur seraient faussées si l'assurance ne portait que sur une partie du personnel.

La clause de la police qui règle cette question doit s'entendre dans le sens le plus étendu, en ce qui concerne le nombre des ouvriers compris dans l'assurance, et il nous paraît intéressant de signaler ici, à titre d'exemple, un jugement du Tribunal de commerce de la Seine, du 11 novembre 1890, mentionné dans le *Moniteur des Assurances* du 15 décembre 1890, p. 663. Ce jugement a été rendu dans les circonstances suivantes : un sieur D. avait contracté une police d'assurance collective, en prenant la qualité de fabricant de couvre-pieds et couvertures ; il avait la prétention que son assurance ne s'appliquait pas à des ouvriers par lui employés à des travaux de duvetage ; il soutenait qu'il exerçait deux professions distinctes, celle de fabricant de couvre-pieds et couvertures, et celle de fabricant de duvetage pour tissus et doublures. Le Tribunal n'a pas admis ce système : il a décidé, avec raison, que les travaux de duvetage n'étaient qu'un accessoire de la fabrication des couvre-pieds et des couvertures ; et, constatant que ces travaux étaient exécutés dans le même local et ne constituaient pas une industrie distincte de celle pour laquelle il était assuré, il l'a condamné au paiement de primes calculées sur toute la main-d'œuvre par lui employée. — Il résulte bien de cette décision que l'assurance collective comprend les ouvriers employés à des travaux qui, s'ils ne sont pas l'industrie elle-même, en sont l'accessoire, l'annexe, le corrollaire, et se confondent, en définitive, avec elle.

Dans le même esprit, le Tribunal civil de la Seine a décidé, le 24 mars 1887 (*Recueil périodique des assurances*, 1888, p. 399), qu'une police d'assurance contre les accidents pouvant atteindre « toutes personnes sans exception qu'un entrepreneur occupe ou occupera à sa solde et sous sa responsabilité », doit s'entendre dans un sens large et général, et comprendre tous les ouvriers à la solde de l'assuré, qu'ils soient ou non sous les ordres immédiats d'un tâcheron ou même d'un sous-entrepreneur, et qu'ils soient déjà ou non assurés par le tâcheron ou le sous-entrepreneur à une autre Compagnie.

La sanction de cette obligation pour l'assuré de comprendre dans son assurance l'ensemble de son personnel, sans exception, se confond naturellement avec la sanction de l'obligation de déclarer exactement les salaires par lui payés ou les heures de travail effectuées par ce personnel, et nous nous en sommes expliqué en parlant du calcul de la prime.

Il est bien entendu, du reste, que quand, pour un motif quelconque, et par suite d'une convention spéciale insérée dans la police, une partie quelconque du personnel a été exclue de l'assurance, on doit s'en rapporter aux termes mêmes du contrat ; mais on ne saurait apporter trop de soins à la rédaction d'une semblable clause, dont le vague ou l'ambiguïté pourrait donner lieu à des abus et faire naître des difficultés d'interprétation qu'il est de l'intérêt de tout le monde d'éviter.

Nous devons signaler, à ce propos, que les polices excluent, d'une façon absolue, certaines catégories de personnes, qui n'ont jamais droit à une indemnité et ne sont pas couvertes par l'assurance : celles, par exemple, qui ont moins ou plus que *tel* âge déterminé (douze ans, en général, et soixante-cinq ou soixante-dix ans), celles qui sont atteintes de maladies ou d'infirmités graves et permanentes, etc. La raison de cette exclusion est facile à comprendre, ces personnes se trouvant dans des conditions particulières qui les exposent bien plus que les autres à être victimes d'accidents, et les risques courus par la Compagnie devant, par suite, être accrus dans une proportion qu'elle n'a pu prévoir quand elle a établi ses tarifs.

De l'indemnité

« Le montant de l'indemnité est déterminé par la police *(Pandectes françaises,* v° Assurances contre les accidents, n°s 297 et suiv.)*; c'est donc au contrat qu'il faut tout d'abord se reporter pour le connaître. Trois hypothèses peuvent se présenter : ou bien la Compagnie s'oblige tout à la fois à payer, dans le cas où les ouvriers de l'assuré sont atteints, au cours de leur travail, d'accidents plus ou moins graves, des indemnités dont l'importance est graduée précisément suivant la gravité de ces accidents, et à garantir, jusqu'à concurrence d'une somme déterminée par la police, la responsabilité civile du souscripteur, quand cette responsabilité se trouve engagée, aux termes du droit commun, par les circonstances dans lesquelles se sont produits les accidents ; ou bien, ce qui est plus rare, la Compagnie n'est tenue qu'au paiement d'indemnités contractuelles, le souscripteur n'ayant pas cru devoir se faire garantir en même temps contre les conséquences de sa responsabilité civile ; ou bien, quand, par exemple, les ouvriers se refusant à subir une retenue sur leur salaire pour concourir au paiement des primes, la Compagnie ne garantit, au contraire, que la responsabilité civile du souscripteur de la police, sans être tenue au paie-paiement d'aucune indemnité quand les accidents sont dus uniquement à un cas fortuit, à l'imprudence, à la négligence des victimes, sans qu'aucune faute soit imputable au patron.

» Quelquefois, enfin, l'assurance est « limitée aux cas graves », la Compagnie n'étant tenue de payer aucune indemnité pour les accidents qui n'entraînent qu'une incapacité temporaire de travail, soit que, d'ailleurs, l'assurance couvre la responsabilité civile des patrons, soit qu'elle ne la couvre pas.

» En ce qui concerne les indemnités contractuelles, trois cas sont à prévoir : ou bien l'accident a entraîné la mort immédiate ou consécutive de la victime ; ou bien il lui a causé des infirmités plus ou moins graves ; ou bien, enfin, il lui a seulement occasionné une incapacité plus ou moins longue de travail. Cette division principale est adoptée par toutes les Compagnies. Les infirmités sont elles-mêmes, en général, divisées en trois catégories (certaines Compagnies, toutefois, n'en font que deux), suivant qu'elles entraînent une incapacité permanente et absolue de tout travail, ou une incapacité définitive du travail professionnel, ou enfin, que l'infirmité qui en résulte diminue sensiblement et pour toujours l'aptitude au travail. La condition indispensable pour que les indemnités stipulées dans ces divers cas soient dues, c'est que l'infirmité soit permanente, définitive ; sinon, l'accident rentrerait dans la catégorie de ceux qui entraînent une incapacité temporaire de travail.

» Certaines Compagnies prennent le soin de déterminer, d'une manière précise, soit dans les conditions générales, soit dans les conditions particulières des polices, en quoi doivent consister les infirmités pour donner lieu au paiement des indemnités convenues ; par exemple : perte complète de la vue, perte complète de l'usage d'une jambe, etc. ; d'autres emploient des formules énonciatives et non limitatives, disant, par exemple : « perte complète de la vue, ou de deux membres, ou toutes autres lésions équivalentes, etc. »

Disons tout de suite, pour bien fixer les idées, qu'on entend par « indemnités contractuelles » celles qui doivent être payées à la victime ou à ses représentants, même si l'accident est dû à un cas fortuit ou de force majeure, à l'imprudence ou à la négligence de la victime elle-même, et sans que la responsabilité du chef d'industrie ou de ses agents soit en rien engagée.

Ces indications étant données, entrons, à titre d'exemple, dans le détail d'une police, en ce qui concerne les indemnités contractuelles. Ces indemnités se divisent généralement en cinq catégories : 1° Si l'accident a pour résultat la mort, il est payé à la veuve et aux enfants mineurs de la victime soit un capital fixé d'avance dans la police, mille francs par exemple, soit un capital égal à *tant* de fois (trois cents fois par exemple) le salaire quotidien que gagnait la victime ; s'il n'y a ni femme ni enfants mineurs, la moitié de ce capital peut être stipulée payable aux ascendants de la victime (à la condition, en général, qu'ils soient sexagénaires) ; 2° si l'accident entraîne une incapacité permanente et absolue de travail, comme lorsqu'il y a perte complète de la vue, de deux membres, etc., il est payé à la victime soit une rente viagère fixée par la police, de trois cents francs par exemple, soit un capital égal à cinq annuités de cette rente, soit, enfin, un capital égal à un certain nombre de fois le salaire quotidien de la victime, quatre cents fois par exemple ; 3° s'il y a seulement incapacité permanente du travail professionnel (en cas de perte d'une jambe, d'un bras, d'un pied, d'une main, etc.), la victime reçoit ou une rente égale aux deux tiers de la précédente, ou un capital égal à cinq annuités de cette rente, ou enfin, un capital égal à la moitié de celui qui est alloué dans le cas précédent ; 4° si l'incapacité permanente qui résulte de l'accident diminue seulement d'une manière sensible l'aptitude au travail (perte d'un œil, de plusieurs doigts, etc.), la rente n'est que du tiers de celle qui est allouée en cas d'infirmité du premier degré ; si c'est le paiement d'un capital qui a été stipulé, il n'est que du quart de celui qui est accordé pour le premier degré ; 5° enfin, s'il n'y a qu'une incapacité temporaire de travail, la victime reçoit une allocation journalière, soit égale à la moitié de son salaire quotidien, soit fixée d'avance, mais ne dépassant jamais 2 fr. 50 c. ou 3 francs ; cette allocation est réduite de moitié au bout d'un certain nombre de jours (quatre-vingt-dix en général).

Le dernier point comporte une observation intéressante : les Compagnies doivent tenir la main à ce que l'indemnité journalière ne dépasse jamais la moitié du salaire de la victime. On comprend, en effet, que si l'ouvrier blessé recevait, pendant le temps de l'incapacité de travail, une somme égale à celle qu'il toucherait comme salaire s'il travaillait, il aurait un intérêt trop grand à prolonger cette incapacité aussi longtemps que possible et à se prétendre dans l'impossibilité de reprendre ses occupations ; tandis que si l'indemnité de chômage est sensiblement inférieure au montant habituel de son salaire, il est intéressé, pour lui-même et pour les siens, à recommencer à travailler le plus promptement possible.

En résumé, on voit que les combinaisons possibles sont très variées et se prêtent facilement à tous les cas qui peuvent se présenter.

Quelle que soit la précision apportée par les Compagnies à la rédaction des polices, il est à peu près impossible de spécifier tous les cas donnant droit à une indemnité contractuelle de telle façon qu'il n'y ait jamais lieu à interprétation ou à assimilation. Ainsi, quand la police stipule que la victime aura droit à telle indemnité dans le cas de telle blessure ou de toute autre lésion équivalente, il est bien certain qu'on ne peut refuser aux tribunaux un certain pouvoir d'appréciation pour fixer cette équivalence. Aussi, la Cour de Grenoble a-t-elle décidé, par arrêt du 20 août 1869 (*Journal des Assurances*, 1870, p. 488) que, à défaut de stipulations bien précises, énumérant limitativement les diverses infirmités, les tribunaux ont un pouvoir souverain pour apprécier si l'infirmité résultant de l'accident qui fait l'objet du procès porté devant eux rentre dans telle ou telle des catégories énoncées par la police et entraîne une incapacité absolue ou relative de travail.

La faculté pour les tribunaux de rechercher, dans les cas prévus par les parties pour la détermination de l'indemnité, celui qui se rapproche le plus de l'accident donnant naissance à la réclamation, a été expressément constatée par un arrêt de la Cour de Dijon du 27 mars 1882, confirmant un jugement du Tribunal civil de la même ville, du 22 août 1881 (*Pandectes françaises, ubi supra*, n° 304) ; il est bien évident, toutefois, que, en matière d'assurance, les juges ne peuvent dépasser, pour la quotité de l'indemnité, les stipulations formelles du contrat.

On trouvera encore dans le *Moniteur des Assurances* du 15 octobre 1869, p. 434-436, deux décisions qui ont consacré ce pouvoir d'appréciation des juges. La première est un jugement du Tribunal civil de la Seine du 4 août 1868, qui a décidé que quand, d'après les statuts d'une Société d'assurances mutuelles contre les accidents, l'incapacité permanente et absolue de travail peut seule donner droit à l'ouvrier assuré à une rente viagère de trois cents francs par an, ce droit ne résulte pas d'une blessure ayant nécessité l'amputation de deux doigts et d'une partie de la paume de la main, si la main ainsi mutilée est encore en état de rendre quelques services. — L'autre décision est un arrêt de la Cour d'Aix, du 28 novembre 1868, qui, confirmant un jugement du Tribunal civil de Marseille, du 31 mars précédent, par adoption de motifs, a jugé que, si une Compagnie d'assurance contre les accidents s'est engagée, moyennant versement d'une prime annuelle, à payer une rente viagère déterminée d'avance, en cas d'incapacité permanente de travail résultant d'une blessure accidentelle, il n'est pas nécessaire, pour que la rente viagère soit due, que l'incapacité soit absolue ; qu'il suffit, par exemple, qu'une blessure reçue à la main par un ouvrier le rende incapable de son travail habituel et même de presque tous les travaux manuels, seule ressource d'un homme illettré et vivant de l'exercice de ses mains ; que cependant, lorsque, malgré ses blessures, l'ouvrier peut encore se livrer à quelque travail léger, il appartient aux tribunaux de réduire, dans la proportion du dommage à réparer, la rente annuelle à payer par la Compagnie, l'assurance ne devant jamais être une cause de bénéfice.

Les tribunaux s'attribuent, on le voit, un large pouvoir d'appréciation, tant au point de vue du dommage éprouvé qu'à celui des dommages-intérêts à allouer. On peut encore consulter à ce propos le *Moniteur judiciaire de Lyon* des 2 août 1881 et 12 avril 1886.

Il est bien certain, d'ailleurs, que les seuls accidents qui donnent droit à une indemnité sont ceux qui se sont produits pendant le travail de la profession indiquée dans la police et que ceux qui résultent d'un travail étranger à cette profession sont exclus de la garantie de la Compagnie. On sait, en effet, que le taux de la prime est déterminé principalement par la nature du travail auquel sont employés les ouvriers compris dans l'assurance ; car il est tout naturel que la prime soit plus ou moins élevée suivant le plus ou le moins de dangers que présente la profession de l'assuré. — La règle que nous venons de rappeler a été sanctionnée en termes formels par un jugement du Tribunal de commerce de la Seine, du 27 juillet 1893 *(Moniteur des Assurances,* 15 décembre 1893, p. 545) ; il s'agissait, dans l'espèce, d'un entrepreneur de carrelage qui avait assuré un homme employé par lui comme garçon de magasin, et désigné en cette qualité dans la police. Ce garçon avait été blessé alors qu'il procédait au nettoyage des carreaux d'une fenêtre dépendant de l'appartement personnel de son patron. Le Tribunal a décidé que le travail fait par le blessé au moment où l'accident s'était produit ne lui avait pas été commandé pour les besoins de l'industrie de son patron ; que, par conséquent, cet accident n'était pas couvert par les clauses de la police.

D'autre part, un arrêt de la Cour de Bordeaux du 3 mars 1891 (Droit des 28-29 septembre 1891), a décidé que, quand l'assureur a stipulé qu'il ne garantissait pas les accidents dus à des causes étrangères au travail salarié par l'assuré, cette clause doit être interprétée en ce sens que l'assureur est responsable de tous les accidents se rattachant à l'exercice du travail de l'assuré, et qu'on doit considérer comme se rattachant au travail de l'assuré l'accident qui est le résultat de deux actes, dont l'un est étranger à ce travail et dont l'autre s'y rattache, alors que ces deux actes sont simultanés, instantanés et inséparables, soit dans leur matérialité, soit dans l'intention des ouvriers qui l'ont accompli. Mais la résistance faite par l'assureur de bonne foi à garantir un accident de ce genre, ne pourrait entraîner contre lui la résiliation du contrat d'assurance ; il y a lieu seulement de le condamner à la garantie de l'accident. — Dans l'espèce, l'article 2 de la police stipulait : « Ne sont pas garantis les accidents dus à des causes étrangères au travail salarié par l'assuré. » Cette règle générale posait donc le principe de la responsabilité de l'assureur, et déterminait, dans une formule exacte, la nature des risques compris dans l'assurance. L'article 5 de la même police disait, il est vrai, que « l'assurance ne couvre que des sinistres ayant pour seule et immédiate cause l'exercice du travail. » Mais la Cour de Bordeaux a estimé que cette disposition ne devait pas être interprétée comme une restriction, mais plutôt comme une application de la règle générale ; que cette clause explicative, comme d'ailleurs, toutes les clauses de la police, et particulièrement celle de l'article 9, énumérant les cas d'exclusion, était soumise aux règles d'interprétation de droit commun ; et que, pour la saine interprétation de ces divers textes, il y avait lieu de ne pas se départir de la règle générale formulée dans l'article 2 de la police. — Etant données les circonstances de la cause, il semble bien que la Cour de Bordeaux a fait une juste et équitable appréciation des faits. Mais il est bien certain que cette théorie de l'interprétation des contrats ne doit être appliquée par les tribunaux qu'avec la plus grande prudence ; sinon ils en arriveraient facilement à modifier et à refaire les contrats, et à leur donner une portée et une étendue qui n'ont certainement pas été dans l'intention des parties ou, tout au moins, de l'une d'elles, l'assureur.

C'est ici le moment de remarquer que les polices excluent, en général, de la garantie, les accidents se produisant dans certaines conditions bien déterminées et ne pouvant donner lieu à aucune ambiguïté. Nous nous contenterons, à cet égard, et à titre d'exemple, de reproduire la clause de deux polices que nous avons sous les yeux. D'après l'une, sont exclus du bénéfice de l'assurance : les mutilations volontaires, le suicide, l'aliénation mentale, l'asphyxie, l'empoisonnement, les faits de guerre ou d'émeute, de duel, de rixe ou de lutte, les accidents arrivés pendant l'état d'ivresse ou résultant d'infraction à toutes lois, à tous arrêtés de police et réglements publics ou particuliers, ainsi que tous ceux qui ne seraient pas la conséquence directe du travail déclaré et salarié par l'assuré, ou qui se produiraient en dehors des heures réglementaires de travail. — D'après l'autre, sont formellement exclus de l'assurance, sans donner droit à aucune indemnité : 1° les maladies ordinaires, alors même qu'elles seraient contractées pendant le travail ou qu'elles se produiraient concurremment avec l'accident, et notamment les rhumatismes, congestions, chaud et froid, phtisie, etc. ; 2° les efforts, lumbagos, tours de reins, hernies, durillons et toutes autres affections qui ne sont que la conséquence d'un excès de travail ; 3° les accidents résultant d'anévrisme, d'apoplexie, d'épilepsie, d'aliénation mentale, d'étranglement de hernie ancienne ou nouvelle, de rupture de varices ; ceux résultant de mutilations volontaires et de suicide, alors même qu'ils seraient dus à un dérangement des facultés mentales ; ceux résultant d'opérations chirurgicales qui ne sont pas la conséquence d'un accident reconnu par la Compagnie ; 4° les accidents provenant d'un cas de force majeure, tels que la chute de la foudre, les tremblements de terre, l'inondation, l'incendie ou l'effondrement des ateliers ; ceux résultant de guerre ou d'émeute, d'ivresse, de rixe ; 5° les accidents survenus par suite d'infractions aux lois, réglements et ordonnances relatifs à la sécurité des personnes, et notamment à la loi sur le travail des enfants dans les manufactures.

Pour la plupart des cas d'exclusion que nous venons d'énumérer, il ne saurait y avoir de difficultés d'application ou d'interprétation, et il nous paraît inutile d'y insister.

Il n'en est pas de même en ce qui concerne les infractions aux lois, règlements et ordonnances ; et sur ce point particulier, il est intervenu une série de décisions judiciaires qu'il est intéressant, sinon de relater en détail, au moins de résumer.

Nous en trouvons d'abord un certain nombre reproduites ou analysées dans les *Pandectes françaises*, v° Assurance contre les accidents, n°ˢ 382 et suivants. — Il faut d'abord que la loi ou le règlement dont la violation est invoquée par la Compagnie soit exactement applicable aux circonstances dans lesquelles s'est produit l'accident; mais la clause d'exclusion s'étend non seulement aux lois et règlements existant au moment de la rédaction du contrat d'assurance, mais aussi à ceux dont la mise en vigueur est postérieure à la signature de la police.

D'une façon générale, la clause de la police qui exclut de la garantie les accidents résultant d'infractions aux lois et règlement, etc., non seulement est tout à fait licite, mais elle est d'ordre public, et elle devrait même, dans le silence des parties, être suppléée par les juges, l'assurance contre les conséquences d'un délit devant être, à bon droit, considérée comme un encouragement donné à l'inobservation des lois. « En matière d'assurance, le contrat ne peut avoir pour objet de garantir la faute lourde de l'assuré ; et les infractions aux lois et règlements doivent être considérées comme des fautes lourdes ; le législateur s'efforce de prendre toute espèce de mesures pour prévenir les accidents auxquels sont exposés les travailleurs. Ces mesures sont dictées par des motifs d'humanité, de haute protection, de tutelle en faveur de certaines catégories de personnes ; comme telles, elles acquièrent incontestablement le caractère de dispositions d'ordre public auxquelles il n'est permis de déroger ni directement ni indirectement. L'assurance qui couvrirait de sa protection les conséquences de fautes lourdes commises au préjudice de la sécurité que le législateur entend faire régner irait à l'encontre du but qu'il se propose. »

Il convient de rappeler ici quelques-unes des décisions judiciaires les plus importantes qui ont été citées dans le *Moniteur des Assurances* (*Passim*) sur cette question des infractions aux lois et règlements. Le Tribunal de commerce de la Seine a jugé, le 30 novembre 1889, que si, conformément aux termes de la police, l'assurance ne couvre pas les accidents provenant d'infractions aux lois et règlements relatifs à la sûreté des personnes, cette exclusion ne s'étend pas aux accidents résultant d'un défaut de soin ou d'une imprudence ne dépassant pas la limite ordinaire.

Un jugement du Tribunal civil de la Seine du 7 février 1888, confirmé par arrêt de la Cour d'appel de Paris du 16 mai 1890, a décidé qu'il importait peu que la Compagnie eût, en raison de l'ignorance dans laquelle elle était de l'infraction commise, écrit, par exemple, à l'assuré qu'elle était

prête à exécuter les obligations que lui imposait le contrat, et eût effectivement suivi, au nom de cet assuré, le procès qui lui était intenté par la
victime ; il n'en résultait pas qu'elle se fût par là-même privée du droit
d'opposer la déchéance prévue par la police, aussitôt qu'elle a eu la connaissance exacte des circonstances de l'accident ; « considérant, dit la Cour,
qu'il ne s'agit point ici d'une déchéance, mais d'un risque et d'une responsabilité formellement exclus de l'assurance par la police ; que la lettre sus-
visée ne saurait donc avoir pour effet de mettre à la charge de la Société,
postérieurement à l'accident, une obligation qu'elle n'a jamais entendu
contracter et qui n'a jamais existé, aux termes du contrat d'assurance intervenu entre les parties. »

De même, il résulte *a contrario* d'un arrêt de la Cour d'appel de Grenoble
du 11 mars 1890, que si l'accident visé avait eu pour cause une infraction
aux lois et règlements commis par le patron assuré, cet accident ne serait
pas rentré dans les cas prévus et garantis par la police, et l'assuré n'aurait
eu aucun recours à exercer contre la Compagnie d'assurance.

Un jugement très important du Tribunal civil de la Seine, du 11 novembre 1890, a décidé que la non responsabilité de la Compagnie s'appliquait
à la police de responsabilité civile, qu'il n'y avait pas lieu de distinguer entre
les infractions provenant du patron lui-même et celles commises par ses
agents préposés à la surveillance des ouvriers et des travaux, et que l'exclusion était applicable même si le règlement enfreint n'était pas un règlement émanant de l'autorité française, mais bien un règlement édicté par
une autorité étrangère et exécutoire à l'étranger.

Disons toutefois que le même Tribunal a jugé, le 24 février 1893, que
les avis et instructions d'une circulaire ministérielle (sur l'emploi de la
dynamite) ne peuvent être assimilés aux dispositions d'une ordonnance ou
d'un règlement de police. — Voir encore : *Recueil périodique des Assurances*, juin 1893, p. 307 ; *Moniteur des Assurances*, 15 décembre 1892,
p. 519, et 15 décembre 1893, p. 549.

Les délais pour le paiement des indemnités contractuelles sont déterminés par les conditions de la police. A cet égard, un des contrats que
nous avons sous les yeux s'exprime ainsi : « Les indemnités sont payables,
savoir : les capitaux, en cas de mort, dans le mois qui suit la remise des
pièces justificatives ; les indemnités, en cas d'infirmités, aussitôt après la
constatation définitive de leur degré.... Les indemnités quotidiennes
seront payées à l'assuré sur la remise du certificat émanant du médecin de
la Compagnie et constatant la guérison ; ces paiements seront faits contre
des reçus conformes au modèle qui sera fourni à l'assuré, et, lors du

règlement trimestriel de la prime, le montant des paiements ainsi effectués viendra en compensation de la prime due par l'assuré. »

Une autre police est conçue en ces termes : « Les indemnités sont payables : 1° En cas de mort, à l'époux survivant, et en cas de prédécès de celui-ci, aux enfants mineurs issus de son légitime mariage avec le sinistré. A défaut d'époux survivant et d'enfants mineurs, seuls les ascendants ont droit à la moitié de l'indemnité garantie. Mais, si ces derniers ont d'autres enfants, et que ceux-ci soient majeurs, il ne leur sera attribué qu'un quart de l'indemnité. Cette indemnité ne sera exigible par les bénéficiaires qu'autant qu'ils justifieront de leur identité et de leur qualité de bénéficiaire et produiront, outre l'acte de décès du sinistré, toutes pièces réclamées par la Compagnie à l'effet d'établir que le sinistré était garanti par la police, et que sa mort a été la suite directe de l'accident. — 2° En cas d'infirmités des trois degrés prévus par les paragraphes 2, 3, 4 des conditions particulières ci-après, à la victime elle-même, aussitôt la constatation définitive des dites infirmités. — 3° En cas d'incapacité temporaire de travail professionnel, l'indemnité quotidienne est payable à la victime après la remise du certificat de guérison. Si la prime est payable d'avance, l'indemnité est remise immédiatement au sinistré par la Compagnie sur le vu du certificat de guérison. Si, au contraire, la prime est payable par trimestre échu, c'est le patron qui doit faire l'avance à l'ouvrier du montant de l'indemnité. A cet effet, dès la constatation de la guérison, il reçoit de la Compagnie un mandat qui doit être acquitté par l'ouvrier sinistré, et dont le montant est compensé à la prochaine échéance, avec la prime à payer. »

D'après une police de Société d'assurances mutuelles, « les indemnités sont payables, savoir : les capitaux en cas de mort ou d'infirmité, dans le mois de l'admission du sinistre ; les indemnités annuelles et viagères, par trimestre échu contre production d'un certificat de vie ; les indemnités quotidiennes sont avancées par le sociétaire sur l'acquit par le sinistré du mandat créé par la Société après guérison. A chaque règlement trimestriel, la Société rembourse au sociétaire le montant des mandats créés pendant le trimestre et qui lui sont présentés régulièrement acquittés. »

Ces quelques exemples suffisent à faire connaître le système adopté par les Compagnies d'assurance pour le paiement des indemnités contractuelles. Les diverses stipulations que nous avons relatées s'expliquent d'elles-mêmes et se passent de commentaires ; seule, celle qui est relative au paiement des indemnités quotidiennes comporte quelques développements.

En principe, et d'une façon générale, les primes d'assurances sont payables d'avance. Par suite des nécessités particulières à l'assurance collective, et de l'obligation pour les Compagnies de n'exiger qu'à terme échu le paiement des primes, dont le montant ne peut être fixé, suivant les cas, que quand le chiffre des salaires ou le nombre des heures de travail est connu, il a fallu adopter un mode de règlement spécial des sinistres. Remarquons, toutefois, qu'on l'a limité aux seuls accidents donnant lieu au paiement d'une indemnité quotidienne. Pour les cas de mort ou d'infirmité grave, l'indemnité est payable par la Compagnie même avant l'acquittement de la prime afférente à la période pendant laquelle s'est produit l'accident.

Au contraire, quand il s'agit d'accidents entraînant seulement une incapacité temporaire de travail, lesquels sont beaucoup plus fréquents que les autres, les Compagnies se seraient trouvées très souvent dans l'obligation de payer des sinistres alors que, par suite de circonstances faciles à imaginer, elles n'auraient pu encaisser le montant des primes venant ultérieurement à échéance. C'est pour éviter ce danger que les polices prévoient un mode exceptionnel de règlement de ces sinistres : c'est l'assuré qui, après examen du blessé par le médecin de la Compagnie, et constatation de la guérison de sa blessure et de la reprise du travail, doit payer à la victime le montant de l'indemnité lui revenant. Le chiffre en est fixé, d'après le certificat médical, sur un bulletin que la Compagnie remet à l'ouvrier, lequel le reçoit directement de son patron. Puis, quand celui-ci est appelé à payer la prime du trimestre ou de la période au cours de laquelle ont eu lieu la reprise du travail et le règlement de l'indemnité, le montant de celle-ci est déduit de la prime et payé par la Compagnie sur un bordereau que doit acquitter l'assuré. Ce dernier rentre ainsi dans l'avance qu'il a faite à son ouvrier, et la Compagnie ne se trouve pas exposée à payer un sinistre pour lequel elle ne recevrait pas de prime.

La question du paiement de l'indemnité nous amène à examiner une hypothèse qui peut se présenter aussi bien en ce qui concerne l'indemnité contractuelle que quand il s'agit de la responsabilité civile du patron, garanti, en général, par une police d'assurance-annexe dont nous parlerons plus loin. Nous nous occuperons dès maintenant des deux cas.

D'une part, la police d'indemnité contractuelle peut stipuler, au lieu du versement d'un capital fixe en cas d'infirmité de l'un ou de l'autre des degrés prévus par le contrat, le paiement d'une rente à la victime.

D'autre part, quand la responsabilité du patron se trouve engagée par l'accident, les tribunaux peuvent le condamner à payer à l'ouvrier blessé ou à ses ayants droit une rente annuelle, en l'obligeant à constituer le capital nécessaire au service de cette rente. En prévision de cette double éventualité, les Compagnies stipulent, quant à l'indemnité contractuelle, que si cette indemnité consiste en une rente, elles seront seulement tenues d'en payer les arrérages sur la production d'un certificat de vie du bénéficiaire ; — et, en ce qui concerne la responsabilité civile, que si la réparation consiste en rentes viagères, elles seront seulement tenues d'en servir les arrérages jusqu'à épuisement de la somme garantie.

Si formelle que soit une semblable clause, on n'en a pas moins essayé de la contester ; mais la jurisprudence n'a pas hésité à la sanctionner, comme le prouvent, notamment, deux arrêts récents : l'un de la Cour de Douai, du 5 décembre 1893 ; l'autre de la Cour de Lyon, du 22 juillet 1892 *(Recueil périodique des Assurances*, février 1894, p. 72 et suiv.), desquels il résulte que l'assurance est un contrat de droit étroit dont toutes les stipulations doivent être strictement exécutées ; qu'est licite la clause d'une police d'assurance contre les accidents qui dispose que : en cas de condamnation ordonnant la constitution d'une rente viagère, la Compagnie ne sera tenue que de payer les arrérages jusqu'à concurrence de la somme garantie ; qu'en présence de cette clause, dont le sens clair et précis ne présente aucune ambiguïté et ne nécessite aucune interprétation, l'assuré qui a été condamné à payer une rente annuelle et viagère à l'occasion d'un accident survenu à un de ses ouvriers, n'est pas fondé à prétendre que la Compagnie est tenue de lui fournir les fonds nécessaires pour acheter la dite rente ; et qu'il n'y a aucune contradiction entre cette clause et celle qui stipule que la Compagnie s'oblige à désintéresser le patron assuré de toutes les condamnations civiles qui peuvent être prononcées contre lui au profit de son ouvrier victime d'un accident.

L'arrêtiste remarque que la jurisprudence paraît se fixer dans ce sens, et ajoute : « Il ne faut pas, d'ailleurs, oublier que le contrat d'assurance, étant un contrat de bonne foi, ne peut obliger à rien de plus que ce qui est contenu dans la convention des parties. Le juge ne peut donc donner à cette convention, alors surtout qu'elle n'est nullement ambiguë, une interprétation qui mettrait à la charge de la Compagnie une obligation qu'elle n'a pas expressément stipulée. Ainsi que le dit fort justement la Cour de Douai, on ne doit pas fausser le contrat, sous prétexte de l'interpréter. »

Une question importante se présente, en ce qui concerne le paiement des indemnités : c'est celle du cumul. A cet égard, les polices contiennent des stipulations dont il est intéressant de faire connaître les termes. D'après l'une, « le même accident ne peut donner lieu au paiement que de l'une des indemnités stipulées, soit le capital en cas de décès soit l'une des indemnités pour infirmités, soit enfin l'allocation quotidienne. — Ces indemnités ne sont payables qu'à la condition expresse que le sinistré ou ses ayants droit renonceront formellement à toute réclamation ultérieure contre l'assuré et s'ils s'y refusent, ou s'ils intentent une action en dommages-intérêts contre l'assuré, la Compagnie sera déchargée du paiement de toute indemnité stipulée dans la présente police. » — Une autre police s'exprime ainsi : « Le même accident ne peut donner droit qu'à une seule indemnité, soit le capital stipulé en cas de mort, soit l'une des indemnités stipulées en cas d'infirmités, soit enfin l'allocation quotidienne. En aucun cas, ces diverses indemnités ne peuvent se cumuler. — Elles ne peuvent non plus se cumuler avec les dommages-intérêts résultant d'une action en responsabilité civile, et le sinistré qui, à la suite d'un accident, a intenté une action en responsabilité civile au souscripteur de la police et obtenu judiciairement des dommages-intérêts, ne peut plus bénéficier de la présente assurance, celle-ci étant exclusivement destinée à couvrir les accidents fortuits ne pouvant donner lieu à l'application des articles 1382 à 1385 du Code civil. » L'annexe de la même police ajoute : « Il est expressément convenu que lorsque la Compagnie aura, en exécution du présent contrat, relevé le souscripteur des dommages-intérêts mis à sa charge par une condamnation judiciaire prononcée contre lui, en faveur d'un de ses salariés, elle ne pourra, en outre, être tenue de lui garantir le paiement des indemnités stipulées dans la police collective en faveur des mêmes salariés, celles-ci étant exclusivement destinées à couvrir les accidents fortuits ne pouvant donner lieu à l'application des articles 1382 à 1385 du Code civil. La Compagnie, ne percevant qu'une seule prime, ne peut être chargée d'une double indemnité. »

Une semblable clause a pour but d'éviter, à l'occasion d'un même accident, le cumul de deux indemnités, l'une provenant du contrat, l'autre ayant pour base la responsabilité civile du patron. Si on l'interprète en ce sens que le fait par l'ouvrier d'accepter le paiement de l'indemnité contractuelle implique de sa part la renonciation au droit d'agir ensuite en responsabilité contre le patron, cette clause n'est pas critiquable : la transaction intervient quand l'accident s'est produit ; elle ne se fait pas sur un évènement incertain, mais sur un évènement accompli. Et si l'on considère comme suffisante une renonciation tacite résultant de l'acceptation de l'indemnité contractuelle, à plus forte raison doit-on regarder comme plus complète encore une renonciation formelle, expresse, donnée par la victime ou par ses ayants cause, en recevant cette indemnité, comme l'exigent certaines polices.

« Le fait, par l'ouvrier, d'avoir commencé par intenter contre son patron, dont .il croit la responsabilité engagée à raison de l'accident, une action en paiement de dommages-intérêts dont il est débouté, ne saurait entraîner pour lui la perte du droit de réclamer ensuite l'indemnité contractuelle : en tant que la clause de la police aurait ce sens et cette portée, elle serait nulle parce que ce serait la renonciation à la protection judiciaire pour la solution d'un différend.... Mais, s'il n'est pas permis à la Compagnie et au patron, dans le contrat intervenu entre eux, de subordonner l'efficacité de l'assurance stipulée au profit de l'ouvrier à la condition que celui-ci n'exercera pas l'action que la loi a consacrée au profit de tous, dans l'article 1382 du Code civil, il est, au contraire, permis à l'ouvrier, alors que la portée de sa renonciation peut être mesurée par lui, de renoncer, dans la quittance de son indemnité contractuelle, au droit actuel et acquis qui lui appartient, en vertu dudit acte. Il faut seulement que cette renonciation soit formelle. » (*Pandectes françaises*, v⁰ Assurance contre les accidents, nᵒˢ 319 et suiv.).

On doit, d'ailleurs, tenir compte, pour la fixation des dommages-intérêts, de ce fait que la victime de l'accident subissait une retenue sur son salaire à titre de prime d'assurance ; dans ce cas, le patron est tenu à un double titre, comme civilement responsable et comme assureur. Et il a été jugé que les représentants de la victime d'un accident professionnel, qui reçoivent de la Compagnie d'assurance la somme due à forfait aux termes de la police, en cas d'accident, peuvent néanmoins agir en responsabilité contre le patron qu'ils prétendent en faute, si la somme payée par la Compagnie ne les indemnise pas de la totalité du préjudice par eux éprouvé (Cass., 30 juillet 1886 ; *ibid.*, n° 329).

La Cour de Paris, par un arrêt du 13 mai 1891 (*Moniteur des Assurances*, 15 décembre 1891, p. 526), a tranché une question intéressante, ne fût-ce qu'au point de vue de la procédure, en jugeant que l'ouvrier victime d'un accident qui, après avoir formé contre son patron une demande en dommages-intérérêts fondée sur l'article 1382 du Code civil, conclut ensuite au paiement d'une rente annuelle et viagère, conformément au contrat passé par ce patron, pour ses ouvriers, avec une Compagnie d'assurances, n'est pas recevable dans cette demande nouvelle, s'il l'introduit par voie de simples conclusions. Un ouvrier, après avoir, à raison d'un accident, réclamé des dommages-intérêts à son patron, dont il prétendait la responsabilité civile engagée, avait conclu à ce que ce même patron fût condamné à lui payer une rente viagère, conformément aux clauses d'une police d'assurance contractée par lui pour ses ouvriers. La Cour, après le

Tribunal, a estimé que cette nouvelle demande, reposant sur un contrat spécial, avait une cause distincte et différente de la demande principale; que cette action en exécution d un contrat d'assurance constituait une demande entièrement distincte de la première, fondée sur une autre cause, tendant à une condamnation nouvelle, et ne pouvant, à aucun point de vue, être considérée comme virtuellement comprise dans la demande originaire; qu'elle ne pouvait donc être régulièrement formée par de simples conclusions.

Signalons enfin un jugement du Tribunal de commerce de la Seine, du 17 janvier 1894 (*Recueil périodique des assurances*, mars 1894, p. 147), d'après lequel lorsqu'un patron (en l'espèce, une Société industrielle) a constitué une caisse d'assurances, dans le but d'assurer à ses ouvriers, victimes d'accidents professionnels, une indemnité déterminée, et que cette caisse d'assurances est alimentée en partie par une retenue faite aux ouvriers sur le montant de leurs salaires, les indemnités prévues deviennent la représentation des versements effectués; en conséquence, l'ouvrier victime d'un accident, qui réclame l'indemnité prévue au contrat, ne perd pas le droit de réclamer au patron responsable la réparation du préjudice à lui causé; est nulle, comme contraire à l'ordre public et portant atteinte aux dispositions des articles 6 et 1382 du Code civil, la clause d'un règlement de chantier subordonnant le paiement de l'indemnité contractuelle à l'obligation pour l'ouvrier ou ses ayants droit d'en donner quittance définitive et sans réserves et de renoncer à toute action judiciaire en dommages-intérêts contre son patron.

L'arrêtiste fait suivre ce jugement des observations suivantes : « Ce jugement soulève à nouveau la grande question de la validité de la clause dite d'option, et celle, qui lui est intimement liée, du cumul des indemnités. Peut-on valablement stipuler dans une police d'assurance, ou dans un règlement de chantier, que l'ouvrier victime d'un accident perd le droit de réclamer l'indemnité contractuelle, s'il intente contre son patron l'action en responsabilité basée sur l'article 1382 du Code civil? Evidemment, la clause est nulle, si on l'interprète en ce sens que l'ouvrier devra toujours être privé de son droit au bénéfice de l'assurance, quelle que soit l'issue de son action en responsabilité, car, étant donnée l'incertitude de tout procès, l'ouvrier se contentera forcément de l'indemnité contractuelle et se trouvera ainsi indirectement privé du droit qu'il tient de l'article 1382 du Code civil. Mais si on ne veut voir dans cette clause qu'une stipulation ayant pour but d'empêcher l'ouvrier de cumuler l'indemnité de l'assurance avec des dommages-intérêts, nous estimons qu'on doit la considérer comme licite.

« Ce serait d'ailleurs une erreur de croire que l'ouvrier qui a réclamé et obtenu des dommages-intérêts, et se trouve par suite déchu de tout droit à l'indemnité fixée par le règlement de chantier, a versé ses primes sans cause. L'assurance collective n'a, en effet, été organisée que dans le but de procurer à l'ouvrier une indemnité pour le cas où l'accident dont il a été victime n'est pas le résultat d'un quasi-délit qui l'autorise à invoquer contre son patron l'article 1382 du Code civil. D'où il résulte que l'accident qui a donné lieu à des dommages-intérêts ne se trouve pas garanti par l'assurance collective stipulée au profit de l'ouvrier et pour laquelle il a subi une retenue sur ses salaires. En un mot, quand l'ouvrier a trouvé, dans l'action légale de l'article 1382 du Code civil, le dédommagement du préjudice éprouvé par lui, il ne peut plus être question de l'action conventionnelle du contrat d'assurance. Quoi qu'il en soit de cette question, en doctrine, la jurisprudence est formelle dans le sens de la nullité de la clause dont il s'agit. — Quant à la clause aux termes de laquelle l'indemnité d'assurance collective ne peut être versée que contre une quittance de l'ouvrier contenant renonciation à toute action en responsabilité contre le patron, sa validité est admise par M. Labbé. (V. *Revue critique*, 1886, p. 397 et suiv.) »

Cette clause, ou toute autre semblable, à laquelle on donne la qualification contestable de prescription, n'en constitue pas moins une convention parfaitement légale et dont l'exécution est obligatoire : si ce n'est pas une prescription proprement dite, dans le sens juridique du mot, c'est une convention qui limite à une durée déterminée les obligations de l'assureur, que les contractants avaient le droit absolu d'adopter, et qui n'a rien de contraire à l'ordre public ; elle n'a enfin rien de contraire à l'essence des contrats synallagmatiques. (Voir à ce propos les décisions citées dans les *Pandectes françaises*, v° Assurance contre les accidents, n°ˢ 463, 464, 465, 466 et suiv.).

Nous citerons encore les décisions suivantes, qui contiennent des solutions intéressantes sur ce point spécial : le Tribunal civil de la Seine a jugé, le 29 décembre 1890 (*Moniteur des Assurances*, 15 juin 1891, p. 191) que l'assureur ne peut se prévaloir de la prescription particulière qu'il a stipulée à son profit pour les demandes en règlement de sinistre, alors qu'il est arrivé au bénéfice de cette stipulation par son fait et en surprenant la bonne foi de son assuré, notamment en alléguant, dans le but de retarder la poursuite, un fait qu'il savait contraire à la vérité.

Un jugement du même Tribunal, du 15 janvier 1892, a reconnu valable la clause stipulant une prescription de sept mois, mais a décidé, en même temps, qu'il n'y avait pas lieu d'en faire l'application lorsqu'il résultait des circonstances de la cause que la Compagnie et le patron avaient, avant l'expiration de ce délai, reconnu en principe, sauf fixation du montant de l'indemnité, le droit de l'ouvrier à la réclamer en vertu de la police. (V. *Moniteur des Assurances*, 15 juin 1892, p. 219, et les décisions citées).

Enfin, un arrêt de la Chambre civile de la Cour de cassation, du 25 octobre 1893 (*Recueil périodique des asurances*, février 1894, p. 97) a jugé que la clause d'une police d'assurance aux termes de laquelle toute réclamation contre la Compagnie est prescrite après un délai d'un an à partir de l'accident, ne blesse en rien l'ordre public et n'offre rien de contraire à l'essence des contrats synallagmatiques ; qu'en conséquence, doit être cassé l'arrêt qui refuse d'accueillir l'exception proposée par une Compagnie d'assurances, en déclarant que ledit délai d'un an ne peut courir que du jour de l'assignation délivrée à l'assuré par la victime de l'accident. Une semblable clause ne constitue pas une renonciation à la prescription, faite d'avance, contrairement à la règle posée dans l'article 2220 du Code civil, mais bien une aggravation à la prescription librement consentie au moment de la convention.

« L'arrêt rapporté inaugure une jurisprudence nouvelle. S'appuyant sur le grand principe de droit inscrit dans l'article 1134 du Code civil, qui, alors surtout qu'il s'agit d'un contrat de bonne foi comme le contrat d'assurance, est fondamental, la Cour suprême fait justice des arguments admis par la jurisprudence antérieure, et applique à la clause des polices concernant la prescription la règle que les conventions librement consenties font la loi des parties. »

Nous allons maintenant étudier les formalités que doit accomplir l'assuré lorsqu'un accident se produit, étant admis, d'ailleurs, que la Compagnie n'a à lui opposer aucune déchéance résultant soit du retard dans le paiement des primes, soit d'irrégularités ou de réticences dans la déclaration des salaires ou des heures de travail effectuées par son personnel, soit de modification dans le genre de travail auquel se livrent ses ouvriers, etc.

On comprend que « la Compagnie a un intérêt manifeste à être prévenue sans retard de l'accident dont elle garantit les conséquences : il faut qu'elle soit mise à même de commencer immédiatement une enquête sur les causes de cet accident, sur les circonstances dans lesquelles il s'est produit, sur sa gravité, sur les suites qu'il peut avoir ; il faut qu'elle puisse, au besoin, faire visiter les lieux, envoyer, si elle le juge à propos, un médecin auprès du blessé, etc. Aussi les polices fixent-elles toujours le délai dans lequel la déclaration doit être faite à l'assureur, les renseignements qui doivent lui être fournis, les pièces et certificats qui doivent lui être transmis. »

A cet égard, une police s'exprime ainsi : « Dans les quarante-huit heures de l'accident, l'assuré doit, à peine de déchéance de garantie, en transmettre l'avis à la Compagnie ou à son agence, en lui adressant exactement remplie la lettre extraite du livre à souche fourni dans ce but par la Compagnie.

Il devra, en outre, lui donner tous les renseignements qu'elle croira utile de lui demander sur les causes, circonstances et sinistre de l'accident. ... Toute réticence, toute fausse déclaration de la part de l'assuré, pouvant.... modifier l'opinion.... de l'accident, font perdre le bénéfice de l'assurance. »

Une autre police contient les dispositions suivantes :

« Dans les quarante-huit heures de l'accident, le souscripteur, à moins de force majeure, doit adresser au siège de l'agence chargée de la perception des primes une lettre d'avis extraite d'un livre à souche fourni par la Compagnie, et dont tous les blancs doivent être remplis par lui. Le souscripteur devra, en outre, sous peine de déchéance, aviser dans les vingt-quatre heures au plus tard, le médecin de la Compagnie, à l'effet de lui faire constater l'accident. Dans les localités où la Compagnie n'a pas de médecin attitré, les sinistrés seront visités à la diligence de l'assure, auquel la Compagnie tiendra compte de six francs pour frais de constatation. La Compagnie prend seulement à sa charge les frais de constatation, à l'exclusion des soins médicaux, médicaments et accessoires, dont elle n'est pas tenue, à moins de convention spéciale et d'un supplément de prime.... Toute réticence, toute fausse déclaration ou tout autre moyen employé à l'effet d'exagérer les suites de l'accident ou de tromper la Compagnie entraînent la déchéance de tout droit à une indemnité. »

D'après la police d'une autre Compagnie, « le souscripteur devra, sous peine de déchéance de la garantie, faire à la Compagnie la déclaration des sinistres dans les quarante-huit heures au plus tard ; il devra, en outre, lui donner sur les causes et circonstances de l'accident tous les renseigne-ments qu'elle croira utile de lui demander. La Compagnie ne prendra à sa charge que les frais des constatations faites par ses médecins, les sinistres sont constatés à la diligence du souscripteur qui sera tenu de transmettre les certificats médicaux dans les quarante-huit heures qui suivront les accidents. » — Enfin, nous avons sous les yeux une police qui stipule que « tout sinistre doit être dénoncé par le sociétaire à la direction ou aux représentants de la Société dans les départements dans un délai de vingt-quatre heures. Aucune demande en indemnité n'est admise lorsqu'il s'est écoulé huit jours sans déclaration. »

En résumé, on voit par ces exemples, qu'il est inutile de multiplier, que, tout d'abord, quand un accident se produit, l'assuré doit accomplir une double formalité : d'une part en aviser la Compagnie dans un délai strictement déterminé par le contrat, en lui faisant parvenir un avis, qui affecte le plus généralement la forme d'un bulletin extrait d'un livre à souche fourni par l'assureur, bulletin dont il n'a qu'à remplir les indications laissées en blanc ; — d'autre part, faire visiter le blessé par un médecin ; et alors, suivant les cas, suivant les localités, ce médecin sera celui désigné par la Compagnie lors de la souscription du contrat, ou, à défaut de désignation ainsi faite, celui choisi par l'assuré.

En général, quand il s'agit d'un médecin désigné par la Compagnie, c'est ce médecin qui envoie directement à celle-ci un certificat, ou plutôt un bulletin sur lequel il consigne sommairement ses constatations, donnant des renseignements sur la personne du blessé, sur la nature de la blessure, sur ses conséquences probables, etc.

Il est bien entendu que, suivant les circonstances, le blessé doit se rendre chez le médecin, quand ce déplacement lui est possible, tandis que, dans le cas contraire, c'est le médecin qui va le visiter à son domicile. Quand, à défaut de désignation d'un médecin par la Compagnie, l'assuré doit faire visiter le blessé par un médecin de son choix, c'est alors à lui, assuré, à faire parvenir à la Compagnie le certificat médical. Il faut, à cet égard, s'en rapporter aux stipulations formelles et précises de la police, qui sont édictées à peine de déchéance de la garantie.

En principe, cette déchéance est obligatoire et doit être rigoureusement appliquée (*Pandectes françaises*, vº Assurance contre les accidents, nº 348, et les décisions citées). Toutefois, il a été jugé que la clause par laquelle une Compagnie, en assurant un patron contre les chances d'accidents pouvant entraîner la mort d'ouvriers à son service, a stipulé que les sinistres lui seront déclarés dans *tel* délai, et que les secours d'un homme de l'art seront demandés sur le champ, ne peut être considérée comme entraînant, en cas de retard, la perte du bénéfice de l'assurance, qu'autant que ce retard est constitutif d'une faute imputable soit au patron, soit à l'ouvrier ; mais que cette déchéance n'est pas encourue lorsque le défaut d'avertissement dans le temps prescrit provient de ce que le caractère de gravité de l'accident, par exemple, une chute qui a amené des lésions internes, ne s'est pas révélé tout d'abord, et de ce que l'ouvrier a pu même espérer qu'il ne serait pas obligé d'interrompre son travail (Ibid., n° 350).

Nons estimons cependant que les tribunaux ne sauraient être trop circonspects dans l'interprétation de cette clause de déchéance, et ne doivent pas se laisser trop facilement aller à en relever l'assuré, à qui rien n'est, en général, plus facile que de l'éviter.

Il est bien entendu, d'ailleurs, que les déchéances étant de droit étroit, celle dont nous nous occupons doit être formellement stipulée par le contrat, et ne saurait être invoquée ou appliquée par voie d'extension ou d'assimilation d'une autre clause (Tribunal civil de la Seine, 27 février 1886 ; *(Moniteur des assurances* du 15 décembre 1886 ; Cour de Douai, 23 août 1883 ; *Recueil périodique des assurances*, 1884, p. 90).

La Cour d'appel de Paris, (deuxième chambre) a décidé, le 6 juin 1889, que quand, dans un contrat d'assurance contre les accidents, il est stipulé que le défaut de production par l'assuré d'un certificat médical dans les trois mois de l'accident entraînera de plein droit la perte pour lui de tout droit à l'indemnité, cette déchéance n'a rien de contraire à l'ordre public, et les tribunaux ne peuvent, sans violer la loi des parties, en relever l'assuré *(Moniteur des Assurances*, 15 juin 1890, p. 265).

La Cour de Bordeaux, par arrêt du 3 mars 1891 *(Ibid.*, 15 décembre 1891, p. 522), n'a pas hésité à admettre cette déchéance, en infirmant un jugement du Tribunal civil de Blaye, qui, lui, l'avait rejetée et avait prononcé la résiliation de la police, en condamnant la Compagnie d'assurances à des dommages-intérêts. La Cour de Bordeaux a jugé que la clause d'une police qui édicte la déchéance de la garantie quand l'assuré a passé huit jours sans dénoncer le sinistre à l'assureur doit être appliquée lorsque l'assuré n'a pu exciper d'aucun empêchement pour excuser sa négligence, et que l'accident a entraîné immédiatement une incapacité de travail et a eu, dès le premier jour, une gravité incontestable. Tout en reconnaissant, en effet, que les Tribunaux apprécient sommairement les circonstances de fait qui peuvent expliquer ou justifier le retard apporté dans la déclaration du sinistre, et relever l'assuré de la déchéance encourue, la Cour a constaté que, en règle générale, les déchéances stipulées dans les polices d'assurance sont obligatoires et doivent être rigoureusement appliquées. Elle a dit très justement que si le sinistre doit être déclaré sans retard à l'assureur, c'est que ce dernier a le plus grand intérêt à en vérifier immédiatement les causes et à prendre les mesures nécessaires pour en atténuer les conséquences.

Voici un exemple topique de l'applicabilité de la clause qui nous occupe à une police stipulant que, sauf le cas de force majeure, l'assuré devait aviser la Compagnie dans les quarante-huit heures de tout accident pouvant engager sa responsabilité ; dans les dix jours au plus tard, et sous peine de déchéance, les détails circonstanciés et précis concernant l'accident devaient être fournis par écrit, avec mention des noms et domiciles des témoins et de l'autorité qui avait pu intervenir ; le tout accompagné par un certificat du médecin appelé à donner les premiers soins, relatant les causes de l'accident et ses suites probables. Dans ces conditions, le Tribunal qui constate qu'il n'y a eu, dans les dix jours, ni déclaration par écrit ni remise d'un certificat de médecin, ne peut refuser de prononcer la déchéance de l'assuré. Il énonce vainement que, dans les quarante-huit heures de l'accident, l'assuré en aurait verbalement fait connaître toutes les circonstances à l'agent de la Compagnie d'assurances (Cour de cassation, Chambre civile, 21 octobre 1891 ; *Gazette des Tribunaux*, 22 octobre 1891). Le Tribunal de commerce de Marseille, dont le jugement a été cassé, avait, par une distinction que n'autorisaient pas les prescriptions claires et formelles de la police, indûment exonéré l'assuré de l'une des deux obligations qu'il lui incombait de remplir envers la Compagnie d'assurances. La police formant la loi des parties, le Tribunal, en se refusant à en appliquer les clauses, avait donc violé les dispositions de l'art. 1134 du Code civil, et c'est avec raison que son jugement a été cassé. Le *Moniteur des Assurances* du 15 juin 1891, qui avait relaté le jugement du Tribunal de Marseille (p. 187) disait : « La cassation d'un semblable jugement ne nous paraît pas douteuse : il a méconnu absolument les clauses du contrat, sans même chercher à se rendre compte de leur utilité ; juger ainsi, ce n'est plus interpréter une convention, c'est la refaire à son gré, et le pouvoir des Tribunaux ne va pas jusque-là. »

Signalons, pour terminer sur ce point, un arrêt de la Cour de Nîmes du 2 mai 1893 (*Recueil périodique des assurances*, janvier 1894, p. 5), aux termes duquel les conventions résultant des clauses d'une police sont de droit étroit ; on ne peut, en aucune façon, en étendre l'application par analogie ; en conséquence, la clause d'une police d'assurance contre les accidents par laquelle l'assuré s'engage, à peine de déchéance, à déclarer l'accident dans les quarante-huit heures après le sinistre n'est pas opposable, lorsqu'il est établi que l'assuré n'a eu connaissance de l'accident que longtemps après l'expiration du délai stipulé par la police, et n'a pu, par suite, se conformer à la dite clause. Nous demandons la permission de reproduire ici les très justes observations que cette décision inspire à l'arrêtiste : « Aux termes de l'arrêt rapporté, l'obligation de déclarer à l'assureur l'accident survenu n'incombe à l'assuré que lorsqu'il a pu se rendre compte que cet accident pouvait engager sa responsabilité et, comme conséquence, celle de la Compagnie. Et lorsque cette connaissance suffisante de l'accident se produit, passé le délai de quarante-huit heures imparti par la police à l'assuré pour faire sa déclaration, la déchéance stipulée au contrat n'est pas encourue. En pareil cas, dit l'arrêt, il y a impossibilité matérielle pour l'assuré de se conformer aux prescriptions de la police ; et comme celle-ci ne prévoit pas, pour tous autres cas, dans quels délais doivent être faites les déclarations, la Compagnie est sans droit pour demander l'application d'une déchéance établie par une clause que l'assuré, par suite d'une force majeure, n'a pas exécutée. Ce raisonnement aboutit à cette conclusion déjà préconisée par plusieurs décisions judiciaires, et que nous avons toujours combattue, à savoir que le délai pour déclarer un sinistre ne part que du jour où l'accident est devenu dommageable ou a donné lieu à une réclamation de la part de la victime (Voir Cass., 21 décembre 1891, *Recueil périodique des assurances*, 1892, p. 189 ; Toulouse, 30 mars 1892, *ibid.* 1893, p. 16 ; Trib. civ. Seine, 17 mai 1893, *ibid.*, 1893, p. 450 ; *Adde* Trib. civ. Limoges, 12 octobre 1887, *ibid.*, 1888, p. 397 ; la *Loi* du 22 février 1888). A notre avis, ce que l'assuré doit déclarer, ce n'est pas l'événement dommageable, mais l'événement susceptible d'engendrer la responsabilité de la Compagnie, et cette déclaration, il doit la faire dès qu'il a connaissance de l'accident. » L'assuré n'a pas, en effet, à se faire d'avance juge du plus ou moins de gravité de l'accident et de ses conséquences possibles ; il n'a qu'à se conformer aux prescriptions de son contrat qui lui impose, à peine de déchéance, le devoir de déclarer à la Compagnie tout accident, quel qu'il soit, grave ou non, dès qu'il se produit, et cela dans un délai strictement déterminé. Il y a là une convention librement acceptée, qu'il ne peut dépendre des tribunaux, nous ne saurions trop le répéter, de supprimer ou de modifier.

Si l'assuré est obligé de déclarer l'accident à la Compagnie dans le délai prescrit, et de faire visiter par un médecin la victime, celle-ci, de son côté, doit se soumettre à cette visite ; et si elle s'y refuse, la Compagnie est exonérée du paiement de toute indemnité. Une semblable disposition s'explique d'elle-même : il est, en effet, indispensable que la Compagnie soit fixée sur la nature et sur les conséquences de l'accident, sur la gravité de la blessure et sur la durée d'incapacité de travail de la victime ou sur l'infirmité dont elle sera atteinte. Ces constatations sont nécessaires pour que l'assureur sache l'indemnité qu'il aura à payer, suivant les cas. Voilà pourquoi il est stipulé que le refus par la victime de se laisser visiter par les médecins ou par les délégués de la Compagnie entraîne pour elle la déchéance de tout droit à l'indemnité. Cette déchéance s'applique, bien entendu, à l'indemnité contractuelle ; et nous estimons qu'il n'y a pas à se préoccuper de la question de savoir si l'ouvrier blessé subissait ou non une retenue sur ses salaires pour faire face au paiement de la prime. Dans tous les cas, son refus entraîne déchéance.

La seule chose importante est que ce refus soit bien établi. Or, dans la pratique, nous ne voyons pas d'autre moyen d'y arriver qu'un procès-verbal de constat par huissier. Voici donc, croyons-nous, comment on doit procéder : lorsque la Compagnie aura acquis la certitude que le blessé se refuse systématiquement à se rendre à la consultation du médecin, ou à le recevoir chez lui, elle devra lui faire signifier une sommation d'avoir à se trouver tel jour, à telle heure, dans tel endroit déterminé (de préférence chez lui, pour que le blessé ne puisse pas plus tard alléguer que son état de santé le mettait dans l'impossibilité de se déplacer). Au jour et à l'heure fixés, le médecin délégué par la Compagnie se rend au lieu indiqué, assisté d'un huissier ; si le blessé persiste dans son refus, soit de recevoir le médecin, soit de se laisser visiter par lui ou de répondre à ses questions, l'huissier en dresse un procès-verbal de constat, qui, bien que n'ayant pas, à proprement parler, une valeur légale absolue, n'en constituera pas moins, plus tard, une pièce suffisamment probante pour permettre à la Compagnie d'user de la déchéance stipulée dans la police et d'opposer un refus absolu d'indemnité à la demande que pourrait lui adresser la victime.

À QUI DOIT ÊTRE PAYÉE L'INDEMNITÉ.

Etant admis que toutes les formalités prescrites en cas d'accident ont été régulièrement accomplies, qu'aucune déchéance n'a été encourue ni par l'assuré, ni par la victime, il s'agit de savoir à qui devra être payé le montant de l'indemnité pour que l'assuré lui-même et la Compagnie soient valablement et définitivement libérés.

A cet égard, les *Pandectes françaises* (v° assurance contre les accidents, n° 358) s'expriment ainsi : « En principe et d'une manière absolue, c'est au patron que la Compagnie doit payer les indemnités stipulées dans la police, soit qu'il s'agisse de la garantie de la responsabilité civile du souscripteur, soit qu'il s'agisse d'indemnités contractuelles. Toutefois, dans la pratique, et pour simplifier les opérations, la Compagnie paie, en général, directement à la victime ou à ses ayants droit en l'acquit du patron. S'il s'agit de l'assurance de responsabilité, le paiement a lieu jusqu'à concurrence de la somme assurée, entre les mains de celui ou de ceux au profit de qui a été prononcée la condamnation contre le patron. Si, au contraire, il s'agit d'indemnités contractuelles, deux cas peuvent se présenter : ou bien l'accident a eu pour conséquence une infirmité permanente plus ou moins grave, ou simplement une incapacité temporaire de travail : le seul bénéficiaire de l'assurance est alors la victime elle-même, et c'est à elle que doit être versé le montant de l'indemnité ; — ou bien l'accident a entraîné la mort de la victime : dans ce dernier cas, la police précise toujours les conditions dans lesquelles doit être fait le paiement. Si la victime laisse une veuve et des enfants mineurs, c'est à eux que doit être versée intégralement l'indemnité ; à défaut de veuve ou d'enfants mineurs, une portion déterminée revient aux parents sexagénaires ou aux ascendants de l'ouvrier, etc. ; il faut, à cet égard, s'en rapporter aux termes du contrat, qui exclut généralement les héritiers autres que les enfants ou les ascendants, en dehors de la veuve, bien entendu. »

Certaines difficultés pratiques se présentent quelquefois dans le règlement des accidents : la Compagnie ou le patron (c'est tout un) se trouvent en présence de gens qui ne savent pas écrire, qui ne savent même pas signer. S'il s'agit simplement des indemnités contractuelles, si la responsabilité civile du patron n'est pas engagée, il n'y a pas d'inconvénient sérieux à se contenter d'un reçu *signé* d'une croix par l'intéressé ; mais il bon, alors, d'opérer le paiement en présence, par exemple, de deux témoins patentés, qui certifient que ce paiement pour solde a été effectué devant eux. S'il s'agit de l'exécution d'une décision judiciaire rendue contre le patron, il est préférable, si le bénéficiaire de la condamnation ne sait ni écrire ni signer, de payer, par exemple, entre les mains du mandataire ou de l'officier ministériel qui s'est occupé de l'affaire.

Si, enfin (et c'est le cas le plus grave qui puisse se présenter), il s'agit d'une transaction intervenant entre le patron et la victime ou ses ayants droit sur la responsabilité civile encourue par le patron, il faut évidemment prendre, tant dans la rédaction de la quittance que dans la constatation de paiement, des précautions particulières : il est indispensable d'indiquer que le paiement est fait par transaction, pour solde et *à forfait;* de mentionner que l'indemnité versée est destinée à couvrir aussi bien les conséquences ultérieures possibles de l'accident que ses conséquences actuelles et connues.

Quand l'indemnité est payée à une veuve tutrice ou à un tuteur, régulièrement la transaction devrait être approuvée par une délibération du conseil de famille des mineurs, laquelle, après l'avis de trois jurisconsultes, devrait être homologuée par le tribunal. Il est bien certain que presque toujours, un règlement dans ces conditions est impossible ou à peu près.

C'est, en définitive, une question de fait à trancher, suivant les circonstances ; mais on ne saurait trop engager les Compagnies à prendre de sérieuses précautions (une quittance notariée peut être utilement recommandée); car les exemples ne sont pas rares de paiements effectués de bonne foi, et dont les tribunaux n'ont pas pu ou n'ont pas voulu tenir compte parce qu'ils n'avaient pas été accompagnés de toutes les formalités prescrites par la loi.

Quoi qu'il en soit, la question de savoir quel est, en ce qui concerne l'indemnité contractuelle, le véritable bénéficiaire de l'assurance, doit être tranchée par les dispositions formelles et précises du contrat. C'est ce qu'a reconnu, notamment, la Cour de Grenoble, en décidant, par un arrêt du 12 mars 1886 (la *Loi* du 29 septembre 1886) que, lorsqu'une police d'assurance contre les accidents stipule qu'en cas de mort de l'ouvrier assuré, un capital déterminé sera payé à sa veuve et à ses enfants mineurs, l'attribution ainsi faite à ces bénéficiaires est limitative, et ne saurait être étendue à d'autres parents, par exemple à la mère et aux frères et sœurs de l'ouvrier. Dans l'espèce soumise à la Cour de Grenoble, la victime n'avait laissé ni veuve ni enfants, et ses héritiers prétendaient avoir droit à l'indemnité contractuelle, bien que la police stipulât que cette indemnité ne devait être payée qu'à la veuve et aux enfants mineurs, sans indiquer de distinction pour le cas où l'ouvrier décédé serait célibataire ou n'aurait pas d'enfants mineurs. La Cour a repoussé avec raison cette demande.

En ce qui concerne la validité des transactions qui peuvent, à la suite d'un accident, intervenir entre la Compagnie d'assurance et la victime ou ses ayants droit, nous relevons, dans le *Moniteur des Assurances* du 15 juin 1892, p. 221, des observations qui nous paraissent intéressantes à reproduire ici. — Quand une Compagnie d'assurances fait, à la suite d'un accident, une transaction avec la victime de cet accident, il est indispensable, pour éviter toute réclamation ultérieure, qu'elle tire d'elle une quittance bien en règle. Si les termes en sont bien formels, cette quittance peut être opposée à toute nouvelle demande d'indemnité qui pourrait se produire. La Chambre civile de la Cour de cassation a, en effet, décidé, par arrêt du 23 février 1892 *(Gaz. des Trib.* du 24 février), que, s'il appartient aux tribunaux d'interpréter les transactions, comme les

autres contrats, c'est à la condition de ne pas les dénaturer ; et que, spécialement, lorsqu'une transaction a réglé *à forfait*, d'une manière définitive et générale, toutes les conséquences possibles d'un accident, la
victime de cet accident ne peut être admise à demander un supplément
d'indemnité à raison d'une aggravation de la maladie résultant du même
fait.

Il est important de remarquer que l'arrêt constate que les termes généraux et absolus de la transaction règlent à forfait, et d'une manière définitive, toutes les conséquences, quelles qu'elles puissent être, résultant et
devant résulter de l'accident de voiture dont le sieur X... a été victime ;
qu'ils contiennent la renonciation la plus formelle de ce dernier à toute
action, tant pour le présent que pour l'avenir, à raison de cet accident. La
Cour d'appel, dont l'arrêt a été cassé, avait, malgré les termes formels de
cette transaction, ordonné une expertise médicale ayant pour but de
rechercher si l'aggravation survenue dans l'état de la vue de la victime
était uniquement le résultat de l'accident, et si elle avait pu être prévue
lors de la transaction. La Cour suprême a estimé avec raison que, sous
prétexte d'interpréter la transaction, l'arrêt attaqué en avait méconnu les
termes clairs et précis, et en avait dénaturé la portée. — Et la sentence de
la Cour de cassation s'applique incontestablement aussi bien au cas où
il s'agit d'une assurance collective d'ouvriers qu'au cas où il s'agit d'une
assurance contre les accidents des chevaux et voitures.

Par contre, un jugement du Tribunal civil de Limoges, du 28 février
1894 (*Droit* du 24 mars 1894) a décidé que lorsque, dans une police
d'assurance contre les accidents, contractée par un patron dans l'intérêt de
ses ouvriers, à l'aide des retenues opérées sur le salaire de ceux-ci, figure
la clause que l'indemnité due à l'ouvrier ne lui sera payée que contre une
quittance définitive et sans réserve, cette clause, en cas d'accident survenu
à l'ouvrier, ne produit aucun effet lorsqu'il résulte d'un certificat médical
que des complications ultérieures sont possibles, notamment lorsque la
blessure, faite par l'introduction d'un corps étranger dans l'œil, peut entraîner des accidents sympathiques sur l'autre œil ; par suite, l'ouvrier est
fondé à refuser une quittance définitive et sans réserve, et les offres faites
par le patron de payer l'indemnité contre une semblable quittance ne sont
pas satisfactoires, étant subordonnées à une condition inacceptable de la
part de l'ouvrier. Il y a lieu de réserver à celui-ci toutes actions à exercer
ultérieurement au cas où il surviendrait des complications, et même l'action fondée sur une faute imputable au patron. L'ouvrier sinistré ne peut
réclamer, outre le paiement de l'indemnité contractuelle, le paiement d'une

somme représentant les frais nécessités par l'accident (honoraires de médecin, médicaments), lors même qu'aux termes d'un règlement d'atelier, l'ouvrier aurait été obligé de se faire soigner par un médecin désigné par le patron et qu'il aurait pu, gratuitement, se faire soigner par le médecin, et fournir les médicaments par le pharmacien d'une Société de secours mutuels dont il faisait partie. L'ouvrier est privé de cette action en supplément d'indemnité, même dans le cas où le patron lui retenait une somme de 2 0/0 sur les salaires et ne payait qu'une somme de 1 fr. 75 0/0 à la Compagnie d'assurance.

Sur cette question du paiement de l'indemnité aux ayants cause de la victime, nous trouvons dans les *Pandectes françaises* (V° Assurance contre les accidents, n° 368), d'intéressantes observations, que nous demandons la permission de reproduire ici :

« Il est bon de remarquer que la clause limitative de la police n'est que l'application de l'article 12 de la loi du 11 juillet 1868, aux termes duquel le bénéfice de l'assurance du décédé par accident est attribué, non pas intégralement, mais suivant une proportion établie par cet article, et seulement à titre de secours, à sa veuve, à ses enfants mineurs, et, à défaut, à son père et à sa mère sexagénaire. Cette disposition est si bien limitative, que, le mot *sexagénaire* étant au singulier, celui des deux, du père ou de la mère, qui ne serait pas sexagénaire, n'aurait aucun droit au secours prévu par cet article. Au reste, les discussions qui ont précédé l'adoption de cet article 12 ne laissent aucun doute sur le sens qu'il faut lui attribuer : la somme allouée aux personnes limitativement désignées en cet article ne doit être considérée que comme un secours, et elle se trouve, par suite, en dehors de la succession du décédé.

» Les dispositions légales de l'assurance sur la vie sont ici sans application : il n'y a, en effet, aucune assimilation à établir entre cette espèce d'assurance et l'assurance en cas d'accident. Cette assimilation est formellement repoussée par les textes : car si, aux termes de l'article 1er de la loi du 11 juillet 1868, les héritiers ou ayants droit de l'assuré sur la vie sont appelés à participer au bénéfice de l'assurance, ce bénéfice est formellement refusé aux héritiers de l'assuré en cas d'accident. Cela résulte de l'intention de la loi et des règles qui président au fonctionnement de l'assurance sur la vie et de la nature même de ce contrat; la somme à verser en cas de décès est le résultat d'une stipulation faite par l'assuré pour lui et pour ses héritiers, aux termes de l'article 1122 du Code civil, et ainsi, à son décès, elle fait partie de son patrimoine ; mais tels ne sont pas les principes sur lesquels repose l'assurance en cas d'accident. Se refuser à appliquer la clause de la police, serait modifier sans droit, refaire le contrat : en définitive, la Compagnie, en contractant l'assurance, a fixé la prime d'après les risques qu'elle entendait couvrir, et cette clause restrictive sert évidemment de base à ses calculs. C'est ce qu'a décidé le Tribunal de Nancy, qui, par un jugement du 6 avril 1886 (*Recueil périodique des assurances, 1886*, p. 233), a reconnu licite et obligatoire une clause librement consentie, qui n'a rien de contraire à la morale ni à l'ordre public. »

La faillite du patron ne saurait préjudicier aux droits du bénéficiaire de l'indemnité. A cet égard, le Tribunal civil de Périgueux a décidé, par jugement du 28 juillet 1887 *(Droit* du 12 octobre 1887), que quand, après avoir été condamné à payer à un de ses ouvriers, victime d'un accident, l'indemnité fixée par une assurance collective, le patron vient à être déclaré en faillite avant que cette condamnation ait été exécutée, l'indemnité peut être réclamée à la Compagnie d'assurances qui avait plaidé sous le nom du patron.

De même, la Cour de Paris a jugé, par arrêt du 19 juin 1888 *(Recueil périodique des assurances*, 1888, p. 172), que quand une personne s'est assurée pour se garantir contre tout droit pouvant être pris contre elle et susceptible de l'atteindre, après un sinistre, il suffit que ce droit soit né et acquis pour donner, par contre, ouverture à la garantie contre la Compagnie d'assurances, quel que soit le mode d'exercice de ce droit, et quelles que soient les circonstances ultérieures de fait qui peuvent entraîner cet exercice *(notamment, la faillite des souscripteurs de la police)* ; ces circonstances, alors qu'elles sont complétement étrangères à la Compagnie assureur, ne peuvent lui bénéficier, modifier ses obligations et l'autoriser à s'y soustraire.

Nous reviendrons plus loin sur cette importante question de l'action directe de la victime ou de ses ayants droit contre la Compagnie d'assurances.

Reste un dernier point à examiner, en ce qui concerne le paiement de l'indemnité : la victime ou ses ayants droit ont-ils un privilège pour le paiement de l'indemnité ? Les deux opinions ont été soutenues.

D'après M. Labbé, le fait, par la victime ou ses ayants droit, d'obtenir contre la Compagnie assureur, en vertu de l'action oblique de l'article 1166 du Code civil, une condamnation au paiement de l'indemnité stipulée par la police, leur constitue un droit de préférence, un privilège sur le montant de cette indemnité. Sans le dommage qu'ils ont éprouvé, sans la créance qui en est résultée, l'assureur ne devrait pas l'indemnité litigieuse; c'est à raison d'une perte qu'ils ont subie que le débiteur commun, le patron, est lui-même créancier du montant de l'indemnité, et si les autres créanciers prenaient une part égale dans cette somme, ils s'enrichiraient injustement au préjudice de la victime. Suivant le savant professeur, cette thèse est juste et équitable, car, en raison et en équité, c'est à l'ouvrier blessé ou à ses ayants droit que devrait exclusivement profiter l'indemnité ; elle est conforme au but du contrat, qui est un contrat d'indemnité, et qu'il est singulier de voir procurer un gain aux autres créanciers du patron ; enfin, elle ne cause aucun préjudice à la Compagnie d'assurances, à laquelle, en somme, il est bien indifférent de payer à l'un ou à l'autre.

L'opinion contraire a été soutenue par M. Marc Sauzet : il n'admet pas qu'on autorise, en dehors des exceptions légales, malgré le principe incontestable de l'égalité, un simple créancier chirographaire à devenir un créancier privilégié. A défaut d'un texte exprès, M. Marc Sauzet doute de l'existence d'un privilège, même sur une créance, si favorable que soit le créancier, quelle que soit la nature ou l'essence du contrat, cause de son droit : la qualité d'une créance ou d'un créancier explique, justifie, appelle, si l'on veut, l'attribution légale d'un privilège, mais elle ne le supplée pas.

Malgré la grande autorité de M. Labbé, nous n'hésitons pas à nous ranger à cette dernière opinion, qui est moins sentimentale et certainement plus juridique que l'autre.

Compétence

En ce qui concerne la compétence, nous aurons deux questions à examiner : d'une part, la compétence sur les difficultés pouvant exister entre l'assureur et l'assuré, relativement à l'exécution du contrat, au paiement des primes, aux déclarations à faire par l'assuré, aux déchéances encourues par lui, etc. ; et, d'autre part, la compétence relative aux accidents qui peuvent se produire au cours du contrat.

Nous trouvons dans une police d'assurance la stipulation suivante : « Toutes contestations entre l'assuré et la Compagnie, lorsqu'elles n'excéderont pas la compétence des juges de paix, seront jugées par les tribunaux de paix du domicile du défendeur. — Dans le cas contraire, elles seront soumises au Tribunal de commerce de la Seine, dont, à l'exclusion de tous autres, les parties déclarent accepter la juridiction. »

Cette clause, nous devons le dire, nous paraît défectueuse et anti-juridique ; on se rend pourtant facilement compte du motif qui l'a dictée à la Compagnie : elle a voulu, dans la plus large mesure possible, ne pas soustraire son assuré au juge de son domicile pour la solution des différends qui peuvent surgir entre elle et lui. Mais ce n'est pas de cela qu'il s'agit : ce n'est pas de la compétence *ratione loci* qu'il y a lieu de se préoccuper. Il est de doctrine et de jurisprudence constante, notamment en matière d'assurance, que les parties peuvent, d'un commun accord, renoncer au juge de leur domicile, et convenir que les procès, en demande ou en défense, seront soumis soit aux tribunaux du domicile de l'une d'entre elles, soit à tout autre tribunal français. Une semblable attribution de juridiction se trouve insérée dans un très grand nombre de polices d'assurances, et elle est journellement appliquée.

Ce qui nous fait dire que la clause que nous venons de rapporter est anti-juridique, c'est que, si elle était exécutée, elle aurait pour résultat de modifier l'ordre des juridictions, qui est d'ordre public, et qui ne peut, par suite, être changé par la simple volonté des parties, si nettement exprimée qu'elle soit.

En effet, de deux choses l'une : ou l'assuré n'est pas commerçant, ce qui, même en matière d'assurance collective contre les accidents, peut très bien s'imaginer, s'il s'agit, par exemple, d'un propriétaire assurant ses domestiques, cochers, etc., d'un fermier ou d'un agriculteur assurant les ouvriers qu'il emploie, ou dans tout autre cas analogue. Alors, l'assuré ne peut pas être assigné devant un tribunal de commerce quelconque, puisqu'il n'est pas commerçant ; et, si c'est lui qui est demandeur, il a le choix de poursuivre la Compagnie soit devant la juridiction civile, soit devant la juridiction commerciale, à la condition, dans cette seconde hypothèse, que la Compagnie soit commerçante, et qu'il ne s'agisse pas d'une Société d'assurances mutuelles, exclusivement justiciable des tribunaux civils.

Ou bien l'assuré est commerçant, et alors, il peut, malgré les termes de la police, opposer l'incompétence du juge de paix devant lequel il serait appelé par la Compagnie. En effet, le contrat qu'il a souscrit avec cette dernière a un caractère absolument commercial : il a pour but, soit d'assurer des indemnités fixes à ses ouvriers blessés en travaillant pour les besoins de son commerce, soit de l'exonérer de la responsabilité civile qu'il peut encourir à l'occasion des travaux de ce même commerce. Il n'est donc pas douteux que, en signant un pareil contrat, il a fait un acte de commerce qui, aux termes de l'article 632 du Code de commerce, le rend justiciable des tribunaux consulaires pour toutes les difficultés auxquelles peut donner naissance l'exécution de ce contrat.

C'est ce qu'a décidé le Tribunal de commerce de la Seine, le 26 juin 1894 : ayant à se prononcer sur une exception d'incompétence soulevée à l'occasion d'un article semblable à celui qui nous occupe (il s'agissait d'une assurance contre les accidents des chevaux et voitures, mais les raisons de décider sont incontestablement les mêmes dans les deux cas), il a jugé que la contestation qui divisait les parties (une Compagnie d'assurances à primes fixes et un commerçant) était de nature essentiellement commerciale ; que l'ordre des juridictions est d'ordre public ; qu'en conséquence, sans qu'il y eût lieu de s'arrêter aux stipulations de la police, lesquelles ne pouvaient conférer à personne le droit de distraire une cause commerciale quelconque de la compétence des tribunaux consulaires, il convenait de retenir la cause, ce qu'il a fait.

Nous trouvons dans une autre police la clause suivante : « Les contestations entre les souscripteurs ou les bénéficiaires de l'assurance et la Compagnie seront jugées par les tribunaux compétents. — Néanmoins, les poursuites relatives au paiement des primes seront jugées par les tribunaux du siège de l'agence chargée de la perception des primes, quels que soient la situation du risque et le domicile du souscripteur. »

Une autre police porte : « Toutes contestations judiciaires relatives au présent contrat seront portées devant les tribunaux de la Seine, à la juridiction desquels les parties déclarent expressément se soumettre. »

En résumé, un premier point est certain : les parties ont le droit de faire, par le contrat, une attribution de juridiction territoriale, *ratione loci*, à la condition expresse que cette attribution ne modifie pas la compétence *ratione materiæ*, laquelle est d'ordre public, et ne peut être changée par la volonté des contractants.

Un second point est également certain : c'est que, s'il s'agit d'une Société d'assurances mutuelles, laquelle a un caractère purement civil, c'est à la juridiction civile seule que doivent être soumises les contestations ; la juridiction commerciale ne saurait, à aucun point de vue, être saisie des difficultés qui peuvent naître, soit pour l'exécution des contrats d'assurance, soit pour le paiement des cotisations, soit pour tout autre motif. — S'il s'agit, au contraire, d'une Compagnie d'assurance à primes fixes, à forme anonyme, ou en nom collectif, ou en commandite, ayant, en un mot, le caractère commercial, la juridiction consulaire peut être compétente.

Il a, en effet, été jugé par un arrêt de la Cour de Paris, du 18 janvier 1882 (*Journal des assurances*, 1883, p. 33), qu'un contrat par lequel un industriel fait garantir la responsabilité qu'il peut encourir, aux termes de l'article 1382 du Code civil, par suite d'accidents atteignant ses ouvriers, est bien un contrat commercial ; il se rattache, en effet, spécialement, aux risques auxquels l'assuré est exposé par son industrie ; il a pour but de diminuer ses chances de perte, et, par suite, d'augmenter ses chances de gain. C'est donc devant la juridiction consulaire que doivent être portées les contestations qui sont relatives à son exécution ; et, à cet égard, les principes généraux du droit sont d'accord avec les conditions des polices.

Nous devons dire que certaines décisions judiciaires ont fait, au point de vue de la compétence, une distinction entre le cas où il s'agit de la garantie de la responsabilité civile du patron, et celui où il s'agit seulement d'indemnités contractuelles à payer aux ouvriers. Dans ce dernier cas, et étant donné, bien entendu, qu'on se trouve en présence d'accidents purement fortuits, n'engageant pas la responsabilité du chef d'industrie, on a jugé que la juridiction commerciale cessait d'être compétente. On a soutenu que le contrat d'assurance était alors un contrat civil, que les véritables assurés étaient, alors, les ouvriers eux-mêmes, dans l'intérêt desquels le patron avait traité, et qui, par suite des retenues opérées sur leurs salaires, payaient, en réalité, les primes, par l'intermédiaire de leur patron. Il importerait peu, d'ailleurs, que, en même temps que ce contrat principal, le patron eût signé un autre contrat ayant pour objet de garantir sa propre responsabilité.

Dans une affaire où ces deux contrats existaient, mais dans laquelle le procès portait sur le paiement de l'indemnité contractuelle, et non sur la question de responsabilité civile du patron, le Tribunal civil de Valence s'est déclaré compétent par un jugement du 9 février 1886 (*Recueil périodique des assurances*, 1886, p. 183), dans lequel il s'exprime en ces termes : « Attendu qu'il n'y a pas lieu de s'arrêter au moyen tiré de la prétendue commercialité du contrat intervenu entre Génin et Cie et la Compagnie *la Confiance ;* qu'en effet, il n'est pas exact de prétendre qu'il ait eu pour objet de diminuer les chances de pertes que pourraient courir Génin et Cie, puisque l'assurance n'a pour objet que des accidents qui n'engagent pas leur responsabilité civile, ni qu'elle ait été contractée pour faciliter le recrutement des ouvriers qui n'ont pas manifesté le désir qu'une semblable assurance fût conclue ; et que si, à côté de l'assurance qui sert de base au procès, il en existe une autre qui couvre la responsabilité civile de Génin et Cie, il est impossible de la considérer comme étant le contrat principal affectant de son caractère de commercialité le contrat relatif aux accidents fortuits, qui ne serait qu'un accessoire, puisque, aux termes mêmes de cet acte, il n'est que le complément du premier, et qu'il est expressément interdit de le produire. »

Nous ne saurions accepter la distinction qu'on veut ainsi établir entre deux contrats, que l'on prétend à tort être séparés et indépendants l'un de l'autre. Il n'y a, en réalité, qu'un seul contrat, en deux parties, si l'on veut : la partie principale a pour but de garantir aux ouvriers, en cas d'accidents purement fortuits ou de force majeure, ce que l'on appelle les « indemnités contractuelles » ; la seconde partie a pour objet de couvrir la responsabilité civile qu'a pu encourir le patron. Mais cette seconde partie n'est que l'accessoire, que le complément de la partie principale, sans laquelle elle ne peut exister, et aux conditions générales de laquelle les contractants sont renvoyés et doivent se soumettre.

Il n'est donc pas admissible, à notre avis, que, pour l'exécution d'un contrat unique, mais à deux branches, les contractants puissent avoir affaire tantôt à une juridiction, tantôt à une autre. C'est en vain qu'on prétend justifier cette distinction et expliquer la commercialité de la partie accessoire du contrat (celle relative à la responsabilité du patron) en disant que, lorsqu'il l'a signé, ce patron a eu pour but de diminuer ses chances de perte et d'augmenter ses chances de gain, sans quoi, ajoute-t-on, le contrat n'aurait nullement le caractère commercial ; et cela est si vrai, conclut-on, que la partie principale du contrat, celle qui garantit le paiement d'indemnités aux ouvriers victimes d'accidents fortuits, a un caractère absolument civil.

C'est là une pure pétition de principes. Le contrat, en réalité, dans son ensemble, est un contrat commercial ; il est signé par le patron à l'occasion de son commerce, pour faire face aux conséquences pécuniaires d'actes exclusivement commerciaux, se produisant dans l'exercice de son industrie, au cours des travaux nécessités par l'exploitation de cette industrie. Peu importe, par suite, de savoir qui doit, en définitive, profiter des indemnités stipulées, si c'est le patron en évitant une perte, ou l'ouvrier, en étant dédommagé du préjudice qu'il a subi.

Une dernière considération nous semble tout à fait concluante contre cette prétendue dualité du contrat, en ce qui concerne la compétence : si on l'admettait, il faudrait donc, quand il s'agit du paiement des primes, que la Compagnie assureur s'adressât, d'une part, au Tribunal civil pour la portion de ces primes afférente aux indemnités contractuelles, et, d'autre part, au Tribunal de commerce pour la fraction des primes applicable à la responsabilité civile. Une semblable conséquence est inadmissible, d'autant plus qu'il n'est pas fait, le plus souvent, de ventilation dans la prime, et que, même, certaines polices indiquent que la responsabilité civile du patron est couverte gratuitement.

En résumé, nous estimons que, quand il s'agit d'une police intervenue entre un commerçant et une Compagnie commerçante, c'est la juridiction consulaire qui est seule compétente pour connaître de toutes les difficultés, quelles qu'elles soient, qui peuvent surgir entre les parties.

Il résulte d'un arrêt de la Cour de cassation du 18 mars 1890, que, quand une clause spéciale attributive de juridiction a été insérée dans la police, les tribunaux doivent s'y conformer. C'est ce qu'a reconnu le Tribunal de commerce de la Seine, en jugeant, le 26 avril 1890 *(Droit* des 26-27-28 mai) que la clause par laquelle une Compagnie d'assurances stipule, d'une façon générale, que les litiges pouvant surgir à propos du contrat, seront soumis au juge de l'agence principale où la police a été souscrite est licite et doit recevoir son application, sans que l'assuré puisse distinguer les contestations relatives au paiement des primes de celles relatives au règlement des sinistres.

Le Conseil des Prud'hommes est incompétent pour connaître d'une demande en indemnité formée par un ouvrier blessé pendant son travail ; une telle demande ne peut, en effet, être considérée comme un accessoire du contrat de louage d'industrie ; elle a pour base l'examen d'un quasi-délit. Or, un semblable examen ne rentre pas dans les catégories des contestations que peut accueillir le Conseil des Prud'hommes, dont la compétence est nettement déterminée par la loi et rigoureusement restreinte aux contestations relatives au travail (Tribunal de commerce de la Seine, 24 mai 1890 ; *Droit* du 13 juin 1890).

Toutefois, le Tribunal de commerce de la Seine s'est, sur cette question spéciale de compétence, déjugé par deux décisions des 20 mai 1892 (*Gazette des Tribunaux* du 19 juin 1892) et 19 août 1892 (*Droit* des 12-13 septembre 1892), desquelles il résulte que la convention par laquelle le patron, moyennant une retenue proportionnelle sur le salaire de l'ouvrier, garantit à ce dernier le paiement d'une indemnité quotidienne, en cas de chômage à la suite d'un accident survenu en cours du travail est un accessoire inséparable du contrat principal de louage d'industrie ; et que, en conséquence, la juridiction des Prud'hommes, compétente pour connaître des difficultés relatives au contrat principal, est également compétente pour statuer sur les contestations pouvant surgir sur l'application de la convention accessoire.

« Il est à souhaiter, lisons-nous à ce sujet dans le *Moniteur des Assurances* (15 décembre 1892, p. 524), que ces décisions ne fassent pas jurisprudence ; car on ne saurait trop se mettre en garde contre la tendance qui a pour but de donner aux juridictions d'exception une compétence excessive ; il serait, en particulier, très regrettable de voir les Conseils de Prud'hommes, recrutés comme on sait, et composés comme ils le sont, être appelés à statuer sur des questions qui, malgré les tortures qu'on peut faire subir aux textes, et les efforts d'imagination auxquels on peut se livrer, n'ont qu'un rapport tout à fait éloigné avec les questions en vue desquelles ils ont été créés. »

En ce qui concerne spécialement la compétence des tribunaux consulaires, nous signalerons encore un jugement du Tribunal de paix du Xe arrondissement de Paris, du 24 août 1892 (*Journal des Assurances,* 1er novembre 1892, p. 465), qui a décidé que : fait un acte de commerce l'industriel qui assure ses ouvriers contre les accidents du travail pouvant résulter de l'exercice de son industrie ; qu'en conséquence, le Tribunal de commerce est seul compétent pour l'action en paiement des primes dirigée par l'assureur contre cet industriel, et que l'attribution de juridiction faite par le législateur aux différentes classes de tribunaux étant d'ordre public, les parties ne peuvent, par leurs conventions, attribuer compétence aux juges de paix pour les sommes qui sortent de sa compétence. Le Tribunal a estimé que le défendeur ayant assuré lui-même et ses ouvriers contre les accidents pouvant résulter de l'exercice de son industrie de menuisier, à son égard, cette assurance devait être réputée acte de commerce, comme sa profession de menuisier, en vertu du principe *accessorium sequitur principale* ; que la Compagnie, spéculant sur le bénéfice de la prime stipulée par elle en échange de sa promesse d'indemnités pour les accidents éventuels, avait également fait acte de commerce ; que, dès lors, aux termes des articles 631 et 632 du Code de commerce, la juridiction consulaire était seule compétente pour connaître du litige.

Enfin, un arrêt de la Cour de Paris, du 16 novembre 1893 (*Moniteur des Assurances,* 15 juin 1894, p. 267), a jugé que, lorsqu'un ouvrier a été blessé en confectionnant des plaques de fer qui faisaient l'objet du négoce de son patron, les juges consulaires sont compétents pour connaître de la demande en dommages-intérêts formée contre eux par cet ouvrier, l'accident, en pareil cas, s'étant produit dans l'exercice de leur commerce : en effet, aux termes de l'article 632 du Code de commerce, tout achat de marchandises pour les revendre, soit en nature, soit après les avoir travaillées et mises en œuvre, est réputé acte de commerce. — Voir, toutefois, en sens contraire, en ce qui concerne l'application de l'article 1384 du Code civil (responsabilité du patron à l'occasion d'un quasi-délit imputable à l'un de ses préposés), deux jugements du Tribunal de commerce de la Seine, des 17 mai et 23 août 1893 (*Recueil périodique des Assurances,* novembre 1893, p. 503).

DE L'ACTION EN GARANTIE

Lorsque l'assuré est assigné par la victime de l'accident, ou par ses ayants droit, en paiement de dommages-intérêts, il ne peut, par voie d'action en garantie, mettre en cause la Compagnie avec laquelle il a traité. Nous trouvons, à cet égard, dans la police d'une des Compagnies d'assurances les plus importantes, la disposition suivante : « Dans toutes pour-
» suites ou demandes dirigées à l'occasion d'un accident contre l'assuré,
» celui-ci ne pourra, sous aucun prétexte, à peine d'être privé du bénéfice
» de cette assurance, mettre la Compagnie en cause ou l'appeler en
» garantie. Si la Compagnie refusait de se charger de l'accident, l'assuré
» aurait contre elle une action devant le tribunal compétent. »

Cette disposition est absolument exécutoire, non seulement parce qu'elle est l'une des conditions du contrat qui fait la loi des parties, mais encore parce qu'elle est conforme aux principes du droit et, d'ailleurs, confirmée par la jurisprudence.

A cet égard, les *Pandectes françaises* (V° Assurance contre les accidents, n° 447), s'expriment ainsi : « L'effet de la clause d'attribution de juridiction serait singulièrement amoindri, elle deviendrait souvent lettre morte, s'il était loisible au patron, considéré comme responsable, et assigné par son ouvrier, victime d'accident, d'appeler en garantie dans l'instance la Compagnie à laquelle il est assuré. En dehors de ce motif, qui s'opposerait à la mise en cause de l'assureur, il y en a, d'ailleurs, un autre essentiellement juridique, et sur lequel la jurisprudence est fixée : si, en principe, aux termes de l'article 181 du Code de procédure civile, la demande en garantie doit être portée devant le même tribunal que l'action principale, c'est à la condition que cette action en garantie soit réellement l'accessoire et la dépendance de la demande originaire. Or, ce n'est pas ici le cas. Sans doute, les deux obligations sont nées parce qu'il y a eu un accident. Mais si telle est leur cause de fait, ce n'est pourtant pas leur cause de droit. L'obligation de la personne responsable vis-à-vis de la victime de l'accident dérive d'un quasi-délit (article 1382 du Code civil), et l'obligation de la Compagnie d'assurances vis-à-vis de l'assuré naît d'un contrat; d'où il résulte que l'article 181 du Code de procédure civile ne saurait trouver son application. Les deux actions, bien qu'elles soient exercées, en fait, à l'occasion d'un accident, qui est leur cause commune, constituent deux actions principales et directes. »

De nombreuses décisions de jurisprudence se sont prononcées en ce sens. Nous citerons, notamment, un arrêt de la Cour de cassation, du 2 janvier 1882 (*Journal des Assurances* 1882, p. 259), d'après lequel aucune des deux actions ne saurait être considérée comme l'accessoire et la dépendance de l'autre. — Voir encore : Paris, 18 janvier 1882 (*Journal des Assurances*, 1883, p. 33) ; Aix, 6 août 1883 (*Droit* du 8 octobre 1884); Toulouse, 4 mars 1884 (*Recueil Périodique des Assurances*, 1884, p. 353); trib., Bourges, 17 février 1885, (*Ibid.*, p. 302); Rouen, 30 novembre 1883 (*Recueil des Arrêts de Caen et de Rouen*, 1884, 2, 23); Limoges, 11 novembre 1884 (*Recueil Périodique des Assurances*, 1884, p. 590); Douai, 13 mars, 1888 (*Pandectes françaises périodiques*, 88, 2, 192).

Il a été encore jugé par le tribunal de commerce d'Annonay (3 juillet 1885, *Gazette du Palais*, 1886, 1er sem., p. 23) que, si une clause de la police stipule que le patron, en cas d'accident d'un des ouvriers, ne pourra mettre en cause la Compagnie par voie de garantie, cette clause est licite et doit être sanctionnée par les tribunaux.

La Chambre des requêtes de la Cour de cassation a rendu, le 18 mars 1890 (*Moniteur des Assurances*, 15 juin 1890, p. 261), un arrêt important duquel il résulte que la Compagnie d'assurance qui, après un jugement de responsabilité rendu contre l'assuré, est appelée à intervenir pour prendre fait et cause dans les poursuites faites en exécution de ce jugement, peut demander son renvoi devant le tribunal de son siège social où a été conclu le contrat d'assurance; il importe peu que, dans l'instance en responsabilité, la Compagnie ait suivi et dirigé le procès sous le nom de l'assuré et en ait acquitté les frais.

Voici dans quelles circonstances est intervenue cette intéressante décision : le liquidateur d'une Société Huret et Cie avait été, par arrêt de la Cour de Douai, en date du 15 novembre 1887, condamné à payer à un ouvrier victime d'un accident 8,000 francs de dommages-intérêts, y compris 4,000 francs représentant le bénéfice de l'assurance acquise à cet ouvrier. Commandement ayant été signifié au liquidateur, celui-ci y fit opposition devant le tribunal de Boulogne-sur-Mer, en y appelant en garantie la Société *la Préservatrice*, assureur de la Société Huret et Cie. *La Préservatrice* ayant décliné la compétence du tribunal de Boulogne-sur-Mer, ce tribunal repoussa l'exception proposée. La Cour de cassation a annulé son jugement et renvoyé les parties à se pourvoir devant les juges du département de la Seine, en raison de ce que la Compagnie d'assurance, qui a son siège social à Paris, n'avait pas de succursale à Boulogne, et n'avait inséré aucune clause spéciale d'attribution de juridiction dans sa police... « Attendu, dit la Cour suprême, que la demande en garantie ne pouvait être légalement accueillie, puisque l'instance à laquelle on prétendait la rattacher à l'occasion d'un acte d'exécution avait été éteinte par un arrêt passé en force de chose jugée, et que, d'ailleurs, l'obligation contractuelle sur laquelle elle se fondait était sans connexité avec la cause de la condamnation qui avait donné lieu au commandement et qui reposait sur le principe édicté par l'article 1382 du Code civil; — Attendu, d'autre part, que s'il est reconnu que, conformément à l'article 35 des statuts, *la Préservatrice* a, en fait, suivi et dirigé, sous le nom du liquidateur de la Société assurée, le procès intenté à ce dernier par la victime, et en a payé les frais, il est non moins certain que le contrat du 2 novembre 1881 était demeuré en dehors du débat ainsi engagé, lequel n'impliquait en rien la solution des difficultés d'interprétation auxquelles les clauses dudit contrat pouvaient donner naissance; qu'on ne saurait affirmer qu'en prenant la direction effective d'un procès à l'issue duquel elle était intéressée, et en acquittant les frais de ce procès, *la Préservatrice* ait, en vue de contestations ultérieures, entendu renoncer à la compétence du tribunal de son siège social, et se soumettre à la juridiction saisie de l'instance dont il vient d'être question. »

Suivant cette jurisprudence, la Cour de Dijon, par arrêt du 12 juin 1890 (*Journal des Assurances* du 1er juillet 1890, p. 233), a jugé que l'action dérivant d'un contrat d'assurance contre les accidents, au profit de l'assuré contre l'assureur, n'a pas le caractère d'une demande en garantie de l'indemnité à payer à la victime de l'accident, mais qu'elle constitue une action principale et directe soumise aux règles de compétence qui lui sont propres. En conséquence, l'assuré ne peut appeler l'assureur en garantie pour se défendre contre l'action qui lui est intentée par la victime d'un accident, à moins qu'il résulte des clauses de la police que l'assureur a, par avance accepté la compétence du tribunal devant lequel son assuré pourrait être appelé. Il est bon de remarquer que, dans l'espèce dont il s'agit, la police d'assurance stipulait que, dans le cas où l'assureur refuserait de se charger du sinistre, le sociétaire et la Société feraient juger séparément leurs contestations par les tribunaux compétents. Ainsi, loin de renoncer au droit commun, l'assureur s'en était, par le contrat, formellement réservé le bénéfice.

Le tribunal civil de la Seine a encore consacré cette règle par un jugement du 14 mars 1891 (*Journal des Assurances*, 1er juillet 1891, p. 253) qui a décidé que l'assuré ne peut citer, par voie d'action en garantie, la Compagnie d'assurances avec laquelle il a traité devant le tribunal saisi d'une demande en dommages-intérêts dirigée contre lui pour un accident dont on veut le rendre responsable : ces actions, bien que l'une soit née à l'occasion de l'autre, ne sont point connexes ; la première a pour cause un quasi-délit, la seconde est relative à l'exécution d'un contrat.

De même, la chambre des requêtes de la Cour de cassation a jugé, par arrêt du 27 janvier 1892 (*Gazette des Tribunaux* du 28 janvier 1892), que lorsqu'un patron, assigné en responsabilité d'un accident dont un de ses ouvriers a été victime, se retourne contre la Compagnie à laquelle il est lui-même assuré, il n'y a pas là une véritable demande en garantie, mais une action principale et personnelle, distincte de la première dans ses caractères comme dans ses effets ; elle ne peut donc pas être introduite sous forme d'action récursoire devant le Tribunal déjà saisi de l'action en responsabilité ; mais elle doit être portée directement devant le Tribunal du siège de la Société défenderesse.

Nous signalerons encore, dans le même sens, un jugement du tribunal civil de Toulouse, du 13 avril 1892 (*Moniteur des Assurances* du 15 décembre 1892, p. 522) ; un jugement du tribunal civil de Charolles, du 8 février 1894 (*Droit* du 20 avril 1894) ; et enfin deux arrêts de la Cour de cassation, l'un de la Chambre civile, du 7 août 1893, l'autre de la Chambre des requêtes, du 31 juillet 1893 (*Journal des Assurances*, 1er janvier 1894 p. 35, et 1er février 1894, p. 72), qui établissent que les deux actions de l'ouvrier contre le patron et du patron contre l'assureur sont deux actions directes et principales, et qu'aucune d'elles ne saurait être considérée comme l'accessoire et la dépendance de l'autre.

Malgré l'importance et l'autorité des décisions que nous venons de reproduire et d'analyser, nous devons reconnaître que plusieurs tribunaux et certaines Cours ont adopté un système contraire, qu'il est de notre devoir de faire connaître.

Ainsi, la Cour de Paris a jugé, le 12 février 1886 (*Pandectes françaises périodiques*, 87. 2. 108), que le patron qui contracte, avec une Compagnie à laquelle il a déjà assuré ses employés contre les accidents, une assurance ayant pour but de le garantir de la responsabilité qui pourrait résulter pour lui des mêmes accidents, a, à raison de ce dernier contrat, non une action directe, mais une action en garantie ou récursaire, laquelle ne peut naître qu'au moment où l'action principale intentée par l'ouvrier victime de l'accident a été formée.

Nous avons signalé plus haut un arrêt de la Cour de Limoges, du 11 novembre 1884. Cet arrêt infirmait un jugement du Tribunal de la même ville, du 11 mars 1884, au sujet duquel nous trouvons dans les

Pandectes françaises (V° Assurance contre les accidents, n°s 451-452) les observations suivantes : ce jugement, « s'était mis en désaccord avec la jurisprudence, lorsqu'il décidait que l'article 181 était applicable à l'action du patron contre la Compagnie d'assurances, et que le Tribunal civil se trouvait compétent pour connaître de cette action, par application de l'article 59 du Code de procédure civile, aux termes duquel la demande en garantie doit être portée devant les juges où la demande originaire est pendante. Les juges de première instance avaient appuyé leur opinion sur le texte de la police, où figuraient les clauses suivantes : « La responsabilité civile du patron est couverte sans augmentation de prime jusqu'à concurrence de.... (illimité).... francs par chaque accident. Dans le cas de responsabilité civile, la Compagnie se réserve le droit de transiger. Toute transaction faite sans son consentement la dégage complètement. Les procès, de quelque nature qu'ils soient, étant suivis et dirigés par la Compagnie, au nom de l'assuré, ce dernier sera tenu d'adresser immédiatement au siège social tous les actes judiciaires ou extrajudiciaires qui lui sont signifiés. » — D'après le jugement, ces clauses renfermaient, de la part de la Compagnie, un engagement de garantie conventionnelle et indiquaient qu'il était entré dans l'intention des parties contractantes que la Compagnie, au cas d'un accident, devait devenir garante de ses suites et se substituer à l'assuré. La Cour de Limoges n'a pas admis son interprétation ; d'après elle, les stipulations de la police n'établissent pas que la Compagnie ait dérogé au principe général en matière de garantie, et qu'elle ait pris envers l'assuré un engagement nouveau de garantie contractuelle, ou enfin, qu'elle ait entendu se substituer à son assuré et accepter de devenir garante des suites d'un accident, dans toutes les hypothèses, et alors même qu'elle entend opposer une déchéance à son assuré. »

Il a été encore jugé par la Cour de Bordeaux, le 20 novembre 1885 (*Recueil des arrêts de Bordeaux*, p. 26), que si, en principe, l'action exercée contre un patron par son ouvrier, à raison d'un accident éprouvé, et le recours intenté par le patron à l'égard de la Compagnie qui a assumé les risques de sa responsabilité, constituent, en réalité, deux actions distinctes, dérivant d'obligations différentes de leur nature et ne permettant pas à l'assuré de citer la Compagnie en garantie devant le tribunal où il a été lui-même traduit, il en est autrement lorsque l'assureur et l'assuré ont modifié ces règles par les stipulations de la police : ces stipulations sont licites et obligatoires, puisqu'elles ne changent pas l'ordre de juridiction et portent seulement sur les règles de la compétence *ratione loci*.

Le tribunal civil de Valence a même été plus loin en décidant, par jugement du 9 février 1886 (*Recueil périodique des assurances*, 1886, p. 183), que le patron, actionné directement par l'ouvrier, est en droit d'appeler la Compagnie d'assurances en garantie devant le tribunal saisi de la demande originaire, alors même qu'un article de la police attribuerait juridiction aux tribunaux de la Seine pour toutes actions nées à l'occasion du contrat d'assurance, ou qu'un article de la police complémentaire, consentie au patron pour le garantir des risques afférents à sa propre responsabilité civile, interdirait à l'assuré toute action en garantie ; la Compagnie ne saurait être fondée à exciper de la prétendue commercialité du contrat d'assurance dans les rapports du patron assuré avec elle, un tel contrat ayant, en effet, un caractère exclusivement civil ; et, alors même que ce contrat serait commercial, le tribunal civil, saisi de l'action principale, serait compétent pour connaître de l'action en garantie, nonobstant sa nature commerciale : la disposition de l'article 181 du Code de procédure civile est applicable toutes les fois que le tribunal saisi de la demande principale est compétent *ratione materiæ* pour connaître de l'action en garantie.

Des décisions semblables ont été rendues par le tribunal civil de Lyon, le 19 mai 1886 (*Moniteur des assurances*, 15 décembre 1886, p. 673 et suiv.), et par le tribunal de commerce de la Seine, le 21 novembre 1888 (*le Droit* du 12 décembre 1888).

Nous signalerons enfin un arrêt de la Cour de Nîmes, du 2 mai 1893 (*Recueil périodique des assurances*, janvier 1894, p. 5), d'après lequel la Compagnie qui, dûment avertie d'un accident, refuse de prendre les fait et cause de son assuré et l'oblige ainsi à l'appeler en garantie, n'est pas fondée à invoquer la clause de la police aux termes de laquelle l'assuré qui appelle la Compagnie en garantie est déchue de tous ses droits à une indemnité ; d'après la Cour de Nîmes, il y a lieu, en pareil cas, de condamner la Compagnie à garantir son assuré des condamnations par lui encourues, alors même que ces condamnations seraient supérieures, en raison des intérêts et des frais qui s'ajoutent au principal, à la somme garantie en cas de sinistre ; elle pourrait même être condamnée, en outre, à des dommages-intérêts à raison de la résistance vexatoire apportée par elle à l'exécution de la convention.

Nous ne saurions admettre un semblable système, et nous ne pouvons que reproduire ici les réflexions que nous suggérait cette décision, quand nous l'avons rapportée dans le *Moniteur des assurances* du 15 juin 1894, p. 267 : « Que la Compagnie qui, à tort et sans motifs sérieux, refuse de garantir son assuré, puisse être condamnée à lui payer des dommages-intérêts, nous l'admettons; c'est la conséquence de sa faute. Mais que les tribunaux se croient, en même temps, le droit de violer les conventions librement acceptées, et refusent même de tenir compte du chiffre de la garantie fixé par le contrat, c'est, révérence parler, faire de la fantaisie, et pas autre chose. »

En résumé, et malgré les décisions assez nombreuses que nous venons de rapporter, comme l'impartialité nous en faisait un devoir, nous maintenons que le patron assigné par son ouvrier ou ses ayants cause, à raison d'un accident, ne peut mettre en cause la Compagnie d'assurances par voie d'appel en garantie. Cette opinion résulte de la saine interprétation de l'article 181 du Code de procédure civile et de l'application des principes en matière de garantie : on ne peut greffer une action récursoire dérivant d'un contrat sur une action principale née à l'occasion d'un quasi-délit. Il y a d'autant moins lieu de déroger à cette règle quand le contrat lui-même, qui fait la loi des parties, interdit cet appel en garantie : une semblable interdiction, loin de violer aucun texte de loi, ne fait, au contraire, qu'appliquer celui qui régit la matière; il n'est donc pas douteux, selon nous, que les tribunaux qui refusent d'en tenir compte outrepassent leur droit, qui est de rectifier les conventions contraires à la loi ou d'interpréter celles qui sont obscures, mais qui ne saurait aller jusqu'à modifier les conditions d'un contrat parfaitement légales et absolument claires.

C'est, comme on l'a vu, dans notre sens que s'est, à plusieurs reprises, prononcée la Cour de cassation, qui a été suivie par de nombreux tribunaux et Cours, et, tout récemment encore, par la Cour de Paris, qui, dans un arrêt du 22 février 1893 (*Recueil périodique des assurances*, novembre 1893, p. 517), a décidé que l'action de la victime contre l'auteur de l'accident et l'action de ce dernier contre la Compagnie d'assurances qui le garantit, dérivent de deux obligations sans connexité et constituent deux actions principales et distinctes; d'où il résulte que l'article 181 du Code de procédure civile ne s'applique pas au cas où le défendeur originaire intente à son tour une action principale en vertu d'une assurance directement contractée à son profit, et que cette action, comme celle de la victime contre l'auteur responsable, doit subir les deux degrés de juridiction. En conséquence, un assuré qui a interjeté appel du jugement le condamnant à des dommages-intérêts, ne peut assigner pour la première fois devant la Cour la Compagnie, son assureur, en garantie des condamnations qui ont été ou seront prononcées contre lui; en l'état, sa demande est non recevable.

Il est bien entendu, d'ailleurs, que si, pour un motif quelconque, la

Compagnie refusait d'indemniser son assuré des condamnations qui auraient été prononcées contre lui, et que le motif, invoqué par elle, ne fût pas valable, cet assuré pourrait obtenir contre elle une condamnation au remboursement de ce qu'il aurait payé, et même, suivant les cas, comme nous l'avons vu, à des dommages-intérêts, Mais c'est par voie d'action principale qu'il devrait procéder, et c'est au Tribunal du siège de la Compagnie qu'il devrait s'adresser, à moins qu'il y eût dans la police une attribution de juridiction spéciale à un autre Tribunal. Et ce droit de l'assuré, qui est absolu, n'a pas besoin d'être prévu et confirmé par le contrat; il n'est que l'application du droit commun.

ACTION DE L'OUVRIER.

Nous sommes amené maintenant à étudier une des questions les plus importantes qui peuvent se présenter dans l'application du contrat d'assurance collective : celle de savoir quels sont les droits de l'ouvrier, victime d'un accident ou de ses ayants cause, contre la Compagnie d'assurance, et si même il a contre elle un droit quelconque. Nous serons, à ce sujet, obligé de faire de larges emprunts aux *Pandectes françaises* (V° Assurance contre les accidents), dans lesquelles, à notre connaissance, cette question a été, jusqu'à présent, traitée de la manière la plus complète et la plus détaillée.

Deux hypothèses peuvent se présenter : ou bien le patron paie de ses deniers personnels le montant des primes, sans faire subir à ses ouvriers aucune retenue sur leurs salaires pour faire face à ce paiement. Il n'est pas douteux, alors, qu'en agissant ainsi, il fait un acte de pure libéralité, qui ne saurait donner aux ouvriers aucun droit contre la Compagnie avec laquelle il a traité, et ne saurait les autoriser à réclamer directement le paiement des indemnités contractuelles stipulées par la police ; leur droit à obtenir du patron une indemnité, conformément au droit commun, quand sa responsabilité est engagée, demeurant, bien entendu, intact.

Ou bien le chef d'industrie fait subir à ses ouvriers une retenue sur leurs salaires, dans le but de payer, en totalité ou en partie, la prime convenue : et, alors, tant dans la doctrine que dans la jurisprudence, on a voulu trouver dans le fait même de cette retenue, le principe d'une action directe qu'auraient les ouvriers pour obtenir de la Compagnie, en dehors même de leur patron, le paiement d'indemnités en cas d'accidents.

Une semblable opinion ne nous paraît pas admissible, comme nous

espérons le démontrer par la suite. En effet, « cette retenue ou cette contribution quelconque serait le résultat d'un contrat, tacite tout au moins,
intervenu entre l'ouvrier et le patron, aux termes duquel celui-ci, soit qu'il
contribue personnellement au paiement d'une fraction plus ou moins
grosse de la prime, soit que les versements faits par les ouvriers suffisent
à l'acquitter intégralement, doit faire jouir la victime d'un accident de
l'indemnité correspondant à la gravité de cet accident. S'il ne le faisait
pas, la victime ou ses ayants-cause auraient le droit de la lui réclamer par
les voies judiciaires ; mais, dans un cas pas plus que dans l'autre, cet
ouvrier victime n'a aucun droit à faire valoir directement contre la
Compagnie d'assurances avec laquelle il n'a pas traité, qu'il ne connaît
pas, et qui n'a pas d'action contre lui pour le paiement de la prime ou de
la fraction de prime lui incombant. »

Il est intéressant de reproduire ici les dispositions de certaines polices
d'assurance à ce sujet. Quelques contrats, sans préciser, s'expriment ainsi :
« La Compagnie garantit les indemnités stipulées dans la présente police,
en cas d'accidents traumatiques provenant d'une cause violente, extérieure
et involontaire, atteignant les ouvriers ou employés de l'assuré, mais seulement pendant l'exercice du travail, de l'industrie ou de la profession visés
dans la police.»—D'autres, plus explicites, contiennent la clause suivante :
« La présente assurance, dite collective, est contractée par le chef d'établissement ou patron, lequel est, aux présentes, dénommé souscripteur.
Elle a pour objet de garantir *à ce dernier* des indemnités *en faveur de ses
salariés* atteints, dans le travail commandé et salarié par lui, et par l'exercice de ce travail, d'accidents corporels provenant d'une cause violente,
extérieure et involontaire. » — Dans d'autres polices encore, nous
trouvons cette disposition : « La Société a pour objet l'assurance contre
les accidents corporels de toute nature provenant d'une cause violente,
instantanée, extérieure, involontaire, et ayant pour seule et immédiate
cause l'exercice du travail, de l'industrie ou de la profession visés par la
présente police. Cette assurance est collective ; elle est contractée par les
chefs d'établissement, d'industrie ou de Sociétés, *agissant dans l'intérêt*
de leurs ouvriers ou employés. »

En résumé, il résulte de ces diverses rédactions une situation bien
nette : un patron contracte directement avec une Compagnie d'assurance,
envers laquelle il s'oblige seul et personnellement à lui payer une prime
pour garantir, dans certains cas déterminés, le versement par ladite Compagnie d'indemnités à ses ouvriers, qui sont les bénéficiaires du contrat.
Donc, deux contractants : le patron et la Compagnie ; et, à côté, des

bénéficiaires éventuels du contrat, qui sont les ouvriers victimes d'accidents ou leurs ayants cause. Mais, à aucun point de vue, ni en aucun cas, ces ouvriers ne peuvent être considérés, à l'égard de la Compagnie, comme des contractants, puisqu'ils ne s'obligent envers elle à quoi que ce soit. Ils sont les bénéficiaires de la police, et pas autre chose; ils ne sont même pas, vis-à-vis d'elle, des mandants de leur patron; celui-ci agit seul, sous sa propre responsabilité, et ne prend jamais la qualité de mandataire de ses ouvriers. La Compagnie n'a pas à s'occuper de savoir quelles conventions expresses ou tacites peuvent exister entre eux et lui; elle ne demande à son assuré aucune déclaration, aucun renseignement à cet égard; elle ignore absolument si le chef d'industrie exerce des retenues sur le salaire de son personnel : toutes les polices sont muettes à ce sujet. Il y a même des contrats qui corroborent l'article dont nous venons de donner quelques exemples par un autre dans lequel il est dit que le contrat intervenant entre la Compagnie et le souscripteur ne constitue aucune stipulation au profit des tiers, ni aucune gestion d'affaires, et ne crée de lien de droit qu'entre la Compagnie et le souscripteur, lequel est seul tenu au paiement des primes.

« Quelles que soient, disent les *Pandectes françaises*, les différences qu'on constate dans la rédaction des polices des diverses Compagnies, il y a un fait certain : c'est qu'elles n'entendent pas créer un lien de droit entre elles et les ouvriers, qui doivent, en définitive, bénéficier des stipulations du contrat; elles ne veulent pas que ces ouvriers, contre lesquels elles n'ont aucune action directe soit pour le paiement des primes, soit pour l'accomplissement des formalités nécessaires en cas d'accidents, puissent en avoir une contre elles en paiement d'indemnités. Dans un contrat synallagmatique comme une police d'assurances, l'obligation de l'une des parties suppose une obligation correspondante de l'autre partie, et ce principe serait violé, si l'on reconnaissait aux ouvriers un droit contre les Compagnies. »

Si claire, si simple et si logique que soit cette situation, il s'en faut de beaucoup qu'elle ait été admise et consacrée par l'unanimité de la jurisprudence. Un certain nombre d'arrêts et de jugements ont bien reconnu expressément ou tacitement l'absence de tout lien de droit entre l'ouvrier victime d'un accident et la Compagnie : ainsi, un arrêt de la Cour de Douai du 24 décembre 1889 (*Gazette du Palais*, 15 février 1890) a jugé que lorsque le patron assure ses ouvriers contre les accidents avec ses propres fonds, et sans exercer de retenues sur leurs salaires, il ne doit pas être considéré comme leur mandataire, mais il accomplit un acte de pure charité, qui ne peut créer à son encontre aucune obligation de faire à leur profit. — Ainsi encore, la Cour de cassation, par un arrêt du 24 juillet 1884 (*Journal des Assurances*, 1884, p. 561), a reconnu que le contrat intervenu entre un patron et une Compagnie d'assurances est essentiellement personnel; qu'il n'existe, par suite, aucun lien de droit entre elle et l'ouvrier victime d'un accident; et que, même, cet ouvrier ne peut exercer aucun droit contre l'assureur en vertu de l'article 1166 du Code civil, sa créance contre son patron n'étant pas établie.

De même, le Tribunal civil de Roanne a déclaré (22 avril 1884, *Recueil périodique des Assurances*, 1884, p. 494), que l'ouvrier n'a pas, en vertu du contrat d'assurance intervenu, une action directe contre la Compagnie qui assure son patron; mais le Tribunal a ajouté que, si le droit d'action directe n'existe pas, c'est alors surtout que l'ouvrier n'est soumis à aucune retenue sur son salaire en vue de l'assurance. Du reste, il n'en a pas moins reconnu le principe de la créance de l'ouvrier contre la Compagnie, mais en vertu de l'action indirecte résultant de l'article 1166 du Code civil.

On consultera encore utilement les décisions nombreuses citées par les *Pandectes françaises* (V° Assurance contre les accidents, n° 213).

Peu importe, d'ailleurs, qu'il sagisse d'une Compagnie d'assurance à primes fixes, ou d'une Société d'assurances mutuelles: à la suite de trois jugements du Tribunal civil de la Seine, des 16 juin 1865, 5 mars et 18 juin 1867 (*Journal des Assurances*, 1867, p. 347), le même Tribunal a décidé, par jugement du 22 février 1884 (*Recueil périodique des Assurances*, 1884, p. 140) que, dans une Société d'assurances mutuelles, les associés ont seul le droit de réclamer à la Société l'exécution des obligations résultant du contrat d'assurance, sans qu'un tiers (l'ouvrier) puisse prétendre en revendiquer le bénéfice par voie d'action directe contre la Société, en vertu d'un règlement de chantier.

Malgré le nombre et l'importance des décisions que nous venons de rappeler, nous devons dire que beaucoup de Cours et de tribunaux ont admis et sanctionné le système du recours direct de l'ouvrier victime d'un accident contre la Compagnie d'assurance. Ainsi, notamment, un jugement du tribunal civil de Valence du 9 février 1886 (*Recueil périodique des assurances*, 1886, p. 183) a statué que l'assurance qu'un patron contracte contre les accidents professionnels au profit de ses ouvriers, qui en paient les primes au moyen de retenues que le patron opère sur leurs salaires, constitue une véritable gestion de l'affaire de l'ouvrier; et qu'en conséquence, ce dernier peut agir directement, à son choix, contre son patron ou contre la Compagnie d'assurances, en paiement de l'indemnité convenue. (Voir, dans le même sens, les diverses décisions citées par les *Pandectes françaises, ubi supra*, n°ˢ 218 et suivants.)

« Cette jurisprudence paraît avoir été inspirée par un premier arrêt de la Cour de cassation du 1ᵉʳ juillet 1885 (*Journal des assurances*, 1885, p. 363, etc.). Cet arrêt a donné lieu à de vives discussions. Sur le point de savoir s'il résulte du contrat d'assurance collective conclu par le patron une action directe au profit des ouvriers contre la Compagnie, M. Labbé critique vivement la solution de la Cour suprême. D'après cet arrêt, dit-il, le maître a été le gérant d'affaire de l'ouvrier, celui-ci a ratifié le contrat et est devenu créancier de la Compagnie; M. Labbé ne nie pas que le patron ait fait dans un sens vague l'affaire de ses ouvriers, mais il conteste que de toute gestion de l'affaire d'autrui résulte l'acquisition au *dominus négotii* du droit négocié par le gérant spontané. Pour que le gérant d'affaire fasse acquérir au géré le droit par lui stipulé, il faut qu'il ait, comme le mandataire, agi au nom d'autrui (articles 1372, 1984 du Code civil; 94 du Code de commerce). Or, dans la police, il est déclaré expressément que l'assurance est contractée au nom et pour le compte du patron. C'est pourquoi la solution ne paraît pas à l'auteur précité commandée par les principes du droit.

« L'article 1372, ajoute-t-il, est invoqué pour justifier la conséquence déduite que l'ouvrier acquiert une action directe contre la Compagnie. L'article 1372, qui soumet le gérant d'affaire aux mêmes obligations qu'un mandataire, ne donne pas expressément au géré action contre le tiers avec lequel le gérant a traité. Il ne s'occupe que des obligations entre le gérant et le *dominus negotii*. Par conséquent, il n'a rien à voir dans les rapports du patron et de l'ouvrier assuré. Dans quel article du Code est-il écrit que le législateur ait ordonné à une personne d'accepter pour débiteur ou pour créancier un inconnu intéressé dans l'affaire, plutôt que le contractant avec lequel elle est en relation?

« Est-ce en vertu de l'article 1121 du Code civil, continue M. Labbé, que naît un droit inattendu au profit de l'ouvrier? On peut le croire, dit-il, à un examen superficiel. En effet, le patron a stipulé dans l'intérêt, au profit de ses ouvriers, en faisant aussi pour lui-même le contrat d'assurance. C'est l'hypothèse de l'article 1121. Or, la loi permet au tiers bénéficiaire de la stipulation pour autrui, accessoire à un contrat principal, d'en accepter le bénéfice, et elle lui donne un droit de créance contre le promettant. La Cour de Nîmes s'était prévalue de cet article 1121, que la Chambre civile a passé sous silence. Pour réfuter cet argument, de même nature que le précédent, nous répéterons à peu près ce que nous avons déjà dit : la loi, dans l'article 1121, dérogeant au principe que les contrats n'ont d'effet qu'entre les parties contractantes, accorde des facilités, elle élargit le cercle dans lequel peut se mouvoir la volonté des particuliers. Elle leur permet de faire naître un droit dans la personne d'un tiers étranger au contrat. Mais elle respecte leur liberté. Le législateur règle un conflit possible entre l'auteur de la stipulation pour autrui et le tiers. Vous, stipulant, vous avez voulu procurer un bénéfice à un tiers, il est naturel que ce tiers acceptant ne soit pas exposé à se voir enlever ce bénéfice par un changement de votre volonté et qu'il ait une action propre. Le législateur suppose que le promettant s'est obligé sans réserve à procurer à autrui le bénéfice commun, et qu'il lui est indifférent d'avoir tel ou tel créancier. Mais l'article 1121 ne sera pas applicable au cas où le promettant aura exprimé la volonté de n'avoir pour créancier que le stipulant, et non le tiers avec lequel il ne contracte pas » (*Pandectes françaises*, *loc cit.*, n°s 222-225).

Quoi qu'il en soit, la théorie de la Cour de cassation a été adoptée, notamment par la Cour de Toulouse qui, par arrêt du 16 avril 1886 (*Gazette des Tribunaux*, du 16 juin 1886), a déclaré que le contrat d'assurance collective constitue un véritable contrat de gestion d'affaires, liant la Compagnie vis-à-vis des ouvriers, soit que ceux-ci connaissent le contrat, soit qu'ils l'ignorent, aux termes de l'article 1372 du Code civil ; qu'il n'y a donc pas lieu de s'arrêter à l'objection tirée de ce que les ouvriers ne sont pas individuellement désignés dans la police, cette condition n'étant pas nécessaire et pouvant devenir, dans la pratique, irréalisable, en raison de ce que les ouvriers changent souvent d'atelier. — Voir, dans le même sens : Paris, 11 décembre 1889 (*Gazette du Palais*, 13 décembre 1889).

Nous signalerons encore un jugement de la 4e chambre du tribunal civil de la Seine, du 17 avril 1891 (*Moniteur des Assurances*, 15 juin 1891, p. 190), qui a décidé que, lorsqu'un patron a contracté une assurance collective contre les accidents au profit de ses ouvriers, ceux-ci ont le droit de poursuivre directement contre la Compagnie d'assurance le paiement des indemnités à eux dues par leur patron. Toutefois, le jugement que nous relevons a mis à l'exercice de ce droit une restriction qui présente pour les Compagnies une importance majeure : il a décidé que si le patron a encouru la déchéance de la police pour défaut de paiement des primes, il doit être condamné envers l'ouvrier blessé, à titre de dommages-intérêts, au montant de l'indemnité, telle qu'elle est réglée par les conditions de la police. Le tribunal estime, en effet, que la déchéance dont il s'agit est opposable aussi bien à la victime de l'accident ou à ses ayants-droit qu'au patron mais que celui-ci, en empêchant par son fait la victime de profiter du bé-

néfice de l'assurance, lui a causé un préjudice dont il lui doit personnellement réparation. Mais, en définitive, en pareil cas, la Compagnie d'assurance
se trouve dégagée aussi bien vis-à-vis de l'ouvrier qu'à l'égard du patron.

De même, par jugement du 4 mai 1891 (*Moniteur des assurances* du
15 décembre 1891, p. 526), le tribunal civil de Nancy a très équitablement
atténué les conséquences de l'action que les tribunaux ont cru devoir
reconnaître aux ouvriers contre les Compagnies d'assurances avec lesquelles leurs patrons ont contracté une police. Il a décidé que si un ouvrier
qui a obtenu une condamnation contre son patron et qui, en raison de
l'insolvabilité de ce dernier, ne peut en obtenir l'exécution, est fondé, aux
termes de l'article 1166 du Code civil, à former contre l'assureur le recours
en garantie que l'assuré pouvait exercer, il est de principe élémentaire
que, en pareille situation, le créancier est soumis à toutes les exceptions
et déchéances opposables au débiteur lui-même, pourvu qu'elles procèdent
d'une cause antérieure à sa demande. Si donc, comme dans l'affaire soumise au tribunal, le patron a encouru de plein droit la déchéance à défaut
de paiement de la prime dans la quinzaine de l'échéance (clause qui n'a
rien d'illicite et n'est pas contraire à l'essence du contrat synallagmatique
formé entre l'assureur et l'assuré), l'ouvrier ne peut avoir plus de droits
que son patron et subit les conséquences des déchéances encourues par ce
dernier. Il est toujours au pouvoir de l'assuré d'éviter une semblable
déchéance en payant exactement la prime aux lieu et temps convenus, et il
ne peut remplacer ce paiement effectif par une offre réelle, encore bien
moins par une simple promesse de paiement.

Pour conclure, nous sommes encore obligé d'emprunter les réflexions
suivantes au recueil des *Pandectes françaises*, qui, ainsi que nous l'avons
dit, est le seul qui, jusqu'à présent, ait traité d'une façon aussi complète
la question qui nous occupe.

« En résumé, il existe quatre systèmes pour justifier un droit d'action
directe de l'ouvrier contre l'assureur : 1° Quasi-contrat innommé formé
par eux, par le fait que la Compagnie a touché les primes payées par l'ouvrier; 2° stipulation pour autrui faite par le patron au profit de ses
ouvriers, dans les termes de l'article 1121 du Code civil; 3° gestion par le
patron de l'affaire de ses ouvriers, conformément à l'article 1372 du même
Code; 4° mandat. — La doctrine de la Cour de cassation a été combattue
avec une grande énergie par les journaux spéciaux aux questions d'assurance,... et même par certains recueils de jurisprudence... On a dit
que le principe posé par la Cour suprême aurait, notamment, pour effet
de donner à la Compagnie, pour débiteur ou pour créancier, un inconnu

avec lequel elle n'aurait jamais été en relation, un mandant avec lequel
elle n'aurait souvent pas traité, si elle n'eût pensé avoir pour seul obligé le
mandataire lui-même : c'est ce qu'observe M. Labbé, quand il dit qu'il y a
des cas où le promettant a plus de confiance dans le mandataire lui-même,
que dans le mandant, dans le gérant que dans le *dominus negotii*.

« Il n'est pas sans intérêt de rechercher les motifs pour lesquels les
Compagnies font tant d'efforts pour décliner tout lien de droit avec l'ouvrier. On dit, en leur faveur, qu'elles ne font pas d'assistance, comme peut
en faire l'Etat, mais bien de l'assurance, et qu'elles n'ont, pour faire face
au paiement de l'indemnité, que le produit des primes ou cotisations ; nous
ne parlons pas, bien entendu, du capital social des Compagnies d'assurances à primes fixes : ce capital ne peut et ne doit être considéré que
comme une garantie éventuelle pour le cas où les ressources normales
résultant de l'encaissement des primes seraient insuffisantes pour payer les
sinistres. Il n'y a donc pas à en tenir compte dans la question qui nous
occupe, et il faut, au reste, se rappeler que, à côté des Compagnies à
primes fixes, il y a les Sociétés mutuelles qui, elles, n'ont pas de capital
social et dont le fonds de réserve même est constitué par un prélèvement
opéré sur les cotisations annuelles. Dans ces conditions, dit-on, les Compagnies, sous peine de succomber, doivent percevoir des primes suffisamment élevées pour couvrir leurs charges, sans l'être assez, toutefois, pour
éloigner les assurés, le principe de l'assurance, en général, reposant, avant
tout, sur la grande multiplicité des risques. De là, un examen minutieux,
compliqué, mais aussi exact que possible de ces risques, dont l'étendue
dépend non-seulement de la nature des industries, mais aussi, et dans une
très large mesure, de l'installation des usines, de la surveillance des industries, etc. — « On conçoit facilement, dès lors, que la Compagnie veuille
avoir pour assuré le patron, le directeur de telle usine pour l'ensemble de
ses ouvriers, et non pas tel ouvrier de telle industrie, quelle que soit
l'usine où les hasards du travail le conduisent. Les Compagnies, en d'autres
termes, entreprennent la garantie des risques industriels, non pour les
ouvriers de tel ou tel métier, mais pour les ouvriers de telle ou telle
fabrique : c'est assurément leur droit, et, par suite, elles veulent avoir pour
créancier, non pas l'ouvrier directement, mais le patron. » (Marc Sauzet,
Revue critique de législation et de jurisprudence, juin 1886, page 370).

» Ces considérations, ajoutent les partisans des Compagnies, ont une
grande importance pratique, au point de vue de l'organisation financière
des Compagnies, et M. Labbé a très bien mis ce point en relief (note sous
Cass., 1er juillet 1885, S. 85, 1. 412). « La Compagnie n'assure pas un

ouvrier; elle n'entend pas contracter avec chaque ouvrier séparément. Elle assure l'ensemble des ouvriers d'un entrepreneur; elle contracte avec l'entrepreneur, lequel lui doit, et seul lui doit, une somme totale de primes calculées à raison du nombre et du salaire des ouvriers. L'équivalent des indemnités promises se trouve dans le total de ces primes multiples. La conséquence de ce que la Compagnie n'a pour créancier et pour débiteur que le patron est que la compensation est possible entre les indemnités et les primes déterminées d'une façon collective. » — Les polices, en effet, stipulent que, pour les indemnités tout au moins dues pour incapacité temporaire de travail, c'est le patron qui les paie lui-même à ses ouvriers; et que, lorsqu'arrive le règlement de la prime (tous les trois mois en général), la Compagnie lui en tient compte jusqu'à due concurrence. Que deviennent ces conventions stipulées dans la police, librement acceptées par le souscripteur, si l'ouvrier, reconnu créancier direct, peut exiger de l'assureur le paiement des indemnités? Le désordre est mis dans les finances de la Compagnie, son équilibre financier est rompu, puisque le système de règlement de l'indemnité, par compensation avec les primes dues à chaque liquidation trimestrielle du compte du patron, est désorganisé et devient lettre morte.

« Enfin, ne trouve-t-on pas encore, dans ce fait que, d'après les conditions mêmes de la police, c'est le patron qui paie aux ouvriers blessés les indemnités, ou au moins certaines des indemnités prévues dans le contrat, sauf à se les faire rembourser ultérieurement par la Compagnie, qui les doit en dernière analyse, la justification de la théorie qu'il n'y a pas de lien direct entre elle et l'ouvrier? Pour la commodité du patron, ces avances sont limitées aux indemnités quotidiennes, qui sont, en général, peu élevées, et qui sont payables en cas d'incapacité temporaire de travail; elles ne s'étendent pas aux indemnités stipulées en cas d'infirmités ou de mort, qui exigeraient, de la part du patron, des déboursés relativement importants; mais c'est là une question d'entente entre la Compagnie et le souscripteur, qui ne saurait en rien modifier la réalité des choses. »

On voit donc que, en dehors des termes exprès des polices, qui ne mentionnent que deux contractants, la Compagnie et le patron, seuls réciproquement obligés l'un envers l'autre, de nombreuses raisons de tout ordre militent en faveur du système qui refuse à la victime ou à ses ayants cause toute action directe contre la Compagnie d'assurances. Ce n'est que par des moyens détournés, par des fictions tirées soit d'un prétendu mandat, qui n'est mentionné nulle part, soit d'une stipulation pour autrui, qu'on est arrivé à découvrir et à sanctionner un lien de droit qui ne repose sur rien de précis. Il est à souhaiter que la jurisprudence en revienne à une plus simple et plus saine appréciation des choses, et renonce à une théorie dont elle n'oserait, d'ailleurs, adopter toutes les conséquences, ainsi que nous aurons l'occasion de l'expliquer plus loin, quand nous aurons examiné la question de savoir si l'on doit, oui ou non, admettre une distinction entre le cas où le patron fait subir à ses ouvriers des retenues pour faire face au paiement des primes et celui où il ne leur en fait pas subir.

Il convient de remarquer tout d'abord que les polices d'assurance collective ne contiennent aucune déclaration de l'assuré sur la question de savoir s'il fait, ou non, subir à ses ouvriers des retenues sur leurs salaires pour faire face au paiement des primes. Ce silence du contrat devrait, à lui seul, suffire pour faire refuser aux ouvriers victimes d'accidents une action directe contre l'assureur : celui-ci, en effet, n'ayant le droit d'exercer aucune action en paiement des primes contre les ouvriers, avec lesquels il n'a pas traité, ne devrait pas se trouver obligé envers eux par suite d'un fait qui lui est étranger et dont il n'a même pas connaissance.

Le fait, par le patron, d'opérer des retenues sur les salaires des ouvriers semble bien constituer au profit de ceux-ci contre lui une créance. Mais quelle est la nature de cette créance ? Le patron est-il débiteur d'une somme fixe, certaine, consistant en l'indemnité stipulée dans le contrat d'assurance, ou bien est-il tenu d'une obligation de faire, ayant pour objet de procurer à l'ouvrier ce qu'il touchera de la Compagnie ? Un jugement du Tribunal civil de Boulogne-sur-Mer, du 10 juillet 1885 (*Recueil périodique des Assurances*, 1886, p. 128) a vu dans le patron l'assureur de l'ouvrier : « Attendu, dit ce jugement, qu'un contrat de cette nature (assurance collective), exécuté aux frais de l'ouvrier, qui n'y a pas été partie, et qui cependant en acquitte indirectement les charges, crée, en faveur de celui-ci, le droit de réclamer au patron assureur le montant de l'assurance, qui n'est, en réalité, qu'une indemnité correspondant aux prélèvements opérés sur les salaires ; qu'en effet, par les retenues qu'il exerce lui-même sur ces salaires, le patron s'oblige personnellement à procurer à l'ouvrier, en cas d'accident, et alors même que celui-ci ne pourrait lui imputer aucune faute, une indemnité de nature à compenser le dommage souffert ; qu'il se forme ainsi entre l'ouvrier et le patron un contrat d'une espèce particulière, qui fait de celui-ci le véritable assureur de celui-là. »

« Cette théorie, disent les *Pandectes françaises* (V. Assurance contre les accidents, n⁰ˢ 251 et suiv.) n'a pas été acceptée par M. Labbé : d'après lui, le maître ne se porte pas, envers l'ouvrier, assureur des accidents d'une manière abstraite et absolue. Il propose à l'ouvrier de lui appliquer le bienfait de l'assurance qu'il a contractée, et lui demande d'exécuter, par la retenue de la prime sur son salaire, la charge que lui, patron, a assumée, moyennant quoi il lui remettra ce que la Compagnie lui donnera. Le patron est donc implicitement engagé à entretenir l'assurance, dont il communique le profit à ses ouvriers ; ceux-ci, subissant une retenue sur leur salaire, font tout ce qui dépend d'eux pour bénéficier de l'assurance, le reste dépend de la diligence du patron ; il est tenu de subroger l'ouvrier dans son action contre la Compagnie, et doit conserver cette action intacte et efficace, afin de pouvoir opérer une subrogation utile. — La première conséquence de ce système, conséquence qui est acceptée sans réserve par M. Labbé, c'est que, si la Compagnie ne paie pas l'indemnité convenue, il y a lieu de distinguer le motif pour lequel ce paiement n'a pas lieu : si c'est par suite de l'insolvabilité de la Compagnie, le patron n'a pas voulu en répondre, et n'en répond pas ; autrement, après avoir versé à cette Compagnie les sommes qu'il avait reçues dans ce but, c'est-à-dire après avoir fait tout ce qu'il était tenu de faire, il serait obligé de payer de ses propres deniers les indemnités dont ces primes avaient précisément pour but d'assurer le paiement. Si, au contraire, c'est par suite d'une faute imputable au patron que l'assureur se trouve déchargé de ses obligations, il est alors responsable envers son ouvrier, et doit personnellement l'indemniser. »

Cette théorie du patron devenant l'assureur de ses ouvriers, par suite des retenues qu'il prélève sur leurs salaires, a, d'ailleurs, été repoussée par un certain nombre de décisions judiciaires, et, notamment, par un arrêt de la Cour de Douai, du 29 janvier 1884 (*Journal de l'assureur et de l'assuré*, 8 mars 1885, p. 30), qui déclare que le patron qui, moyennant une retenue sur les salaires, fait assurer son ouvrier contre les accidents dont il peut être victime, ne devient pas ainsi son assureur, mais lui doit le bénéfice du contrat d'assurance qu'il a stipulé dans son intérêt, ce qui implique l'obligation de remplir toutes les conditions imposées par ledit contrat à la conservation de ce bénéfice.

En définitive, si pas plus dans le cas où le patron fait subir des retenues à ses ouvriers que dans celui où il ne leur en fait pas subir, nous ne pouvons admettre une action directe et personnelle de cet ouvrier contre la Compagnie ; par contre, nous ne faisons pas difficulté de lui reconnaître le droit d'exercer contre elle, en vertu de l'article 1166 du Code civil, l'action indirecte ou oblique, aux lieu et place de son patron. Mais, bien entendu, l'exercice de ce droit est subordonné à toutes les conditions et passible de toutes les déchéances auxquelles le patron lui-même serait soumis. Il existe, dans ce sens, un certain nombre de décisions qu'il nous semble important de rappeler brièvement.

Le Tribunal civil de la Seine a jugé, le 17 avril 1891 (*Droit* des 8-9 mai 1891), que, lorsqu'un patron a contracté une assurance collective contre les accidents au profit de ses ouvriers, ceux-ci ont le droit de poursuivre directement contre la Compagnie d'assurance le paiement des indemnités à eux dues par le patron. Toutefois, le jugement que nous relevons a mis à l'exercice de ce droit une restriction qui a une importance majeure : il a décidé que si le patron a encouru la déchéance de la police pour défaut de paiement de primes, il doit être condamné envers l'ouvrier blessé, à titre de dommages-intérêts, au montant de l'indemnité, telle qu'elle est réglée par les conditions de la police. Le Tribunal a estimé, en effet, que la déchéance dont il s'agit est opposable aussi bien à la victime de l'accident ou à ses ayants droit qu'au patron, mais que celui-ci, en empêchant par son fait la victime de profiter du bénéfice de l'assurance, lui a causé un préjudice dont il lui doit personnellement réparation.

De même, un jugement du Tribunal civil de Nancy, du 4 mai 1891 (*Droit* des 5-6 octobre 1891) a très équitablement décidé que si un ouvrier qui a obtenu une condamnation contre son patron et qui, en raison de l'insolvabilité de ce dernier, ne peut en obtenir l'exécution, est fondé, aux termes de l'article 1166 du Code civil, à former contre l'assureur le recours en garantie que l'assuré pouvait excercer, il est de principe élémentaire que, en pareille situation, le créancier est soumis à toutes les exceptions et déchéances opposables au débiteur lui-même, pourvu qu'elles procèdent d'une cause antérieure à sa demande. Si donc, comme dans l'affaire soumise au Tribunal, le patron a encouru de plein droit la déchéance à défaut de paiement de la prime dans la quinzaine de l'échéance (clause qui n'a rien d'illicite et n'est pas contraire à l'essence du contrat synallagmatique formé entre l'assureur et l'assuré), l'ouvrier ne peut avoir plus de droit que son patron et subit les conséquences des déchéances encourues par ce dernier. Il est toujours au pouvoir de l'assuré d'éviter une semblable déchéance en payant exactement la prime aux lieu et temps convenus, et il ne peut remplacer ce paiement effectif par une offre réelle, encore bien moins par une simple promesse de paiement.

Il résulte d'un arrêt de la Cour de Nancy du 29 avril 1893 (*Recueil périodique des Assurances*, janvier 1894, p. 34) que quand un patron opère sur les salaires de ses ouvriers une retenue destinée à assurer à ceux-ci, en cas d'accident, et au moyen d'une assurance, un certain capital déterminé, l'ouvrier n'a droit, vis-à-vis de la Compagnie, qu'à ce capital, et ne saurait se prévaloir à son encontre, pour obtenir une indemnité supérieure, de ce que la retenue opérée par le patron était destinée à alimenter non-seulement l'assurance collective, mais encore l'assurance garantissant le patron contre les conséquences de la responsabilité civile.

Nous signalerons encore, sur ce sujet, un intéressant arrêt de la Cour de Paris, du 9 novembre 1892, qui a été analysé dans le *Moniteur des Assurances* du 15 juin 1893 (*Revue de la Jurisprudence-Accidents*, p. 196-197) ; et, enfin, un arrêt de la 1re Chambre de la Cour de Rouen, du 25 janvier 1892, également analysé dans le *Moniteur des Assurances* du 15 décembre 1892 (*Revue de la Jurisprudence-Accidents*, p. 522-524), qui, lui, semble revenir à la théorie du patron assureur de ses ouvriers, en décidant qu'il ne saurait les renvoyer à se pourvoir contre la Compagnie d'assurances, sous prétexte d'action directe ou oblique qui leur appartiendrait contre ladite Compagnie.

Un jugement du Tribunal civil de la Seine, du 30 novembre 1894 (*Bulletin de jurisprudence du journal l'Assurance*, 20 janvier 1895, p. 399) a décidé que, lorsqu'un patron s'est assuré contre les accidents arrivés à ses ouvriers, ceux-ci ont une action contre lui, en cas d'accident; mais que, s'ils peuvent réclamer le bénéfice de la police, ils doivent en subir les déchéances, le patron ayant contracté comme *negotiorum gestor* avec la Compagnie d'assurances; et que, en conséquence, lorsqu'une police d'assurance collective porte qu'il est interdit à l'assuré, à peine d'être privé du bénéfice de l'assurance, de faire aucune transaction sur les dommages-intérêts qui peuvent lui être dus sans l'autorisation écrite de la Compagnie, l'ouvrier qui a transigé avec les auteurs de l'accident dont il a été victime n'est pas recevable à assigner son patron en paiement de la somme qu'il prétend devoir lui être payée, en raison des stipulations de l'assurance.

Pour terminer sur cette question, nous reproduisons le passage suivant du *Moniteur des Assurances* du 15 juin 1892, p. 218 (Revue de la Jurisprudence-Accidents) : « Il arrive souvent que les patrons qui contractent une assurance collective contre les accidents pouvant atteindre leurs ouvriers, font subir à ces derniers une retenue pour faire face au paiement de la prime ou de partie de la prime ; souvent aussi, ils n'exercent aucune retenue sur les salaires et prennent en entier à leur charge le paiement de la prime. Quoi qu'il en soit, les Compagnies restent toujours étrangères à ces combinaisons, et ne demandent aucune déclaration à ce sujet aux chefs d'industrie qui contractent l'assurance. — Cela n'a pas empêché certains Tribunaux de tirer du fait de la retenue opérée par le patron sur les salaires une conséquence qui nous paraît tout à fait excessive et que rien, à nos yeux, ne peut justifier : ils ont, dans ce cas, reconnu à l'ouvrier passible de la retenue un recours personnel et direct contre la Compagnie pour le paiement de l'indemnité stipulée par le patron. Ce n'est pas ici le lieu d'examiner une fois de plus cette théorie plus que contestable. Nous voulons seulement signaler, dans cet ordre d'idées, un jugement du Tribunal civil de la Seine, du 13 janvier 1892 (*Droit* du 2 mars 1892), d'après lequel lorsque le patron opère une retenue sur le salaire de ses ouvriers pour payer les primes d'une assurance contre les accidents, ces retenues peuvent, à défaut de stipulation contraire, être appliquées par lui aux primes de deux assurances ayant pour objet, l'une les accidents causés aux tiers par les chevaux et voitures conduits par ses ouvriers, l'autre les accidents dont ses ouvriers peuvent être victimes dans leur travail. — Nous avouons ne pas pouvoir admettre, ni même comprendre le système sanctionné par le Tribunal, surtout en ce qui concerne les accidents de voitures. Comment ! voilà un industriel ou un commerçant qui contracte avec une Compagnie une assurance contre les accidents que peuvent causer aux tiers ses chevaux et ses voitures conduits par lui ou par ses préposés ; c'est donc là, bien certainement et uniquement, une assurance de responsabilité civile. Eh bien ! supposons qu'un accident se produise, dû entièrement à la faute personnelle du conducteur de la voiture, sans que la responsabilité de son patron puisse, en quoi que ce soit, être engagée. — Il suffira donc, pour que la Compagnie soit tenue des conséquences de l'accident, que le patron, sans l'en prévenir, ait fait subir à son charretier ou à son cocher une retenue sur ses salaires, destinée dans son esprit, et à défaut de stipulation contraire (car on n'exige même pas une stipulation expresse) à faire face à une double assurance, tant contre les accidents de voitures que contre les accidents pouvant atteindre le conducteur même de la voiture ! De telle sorte que la Compagnie se trouvera avoir pour assuré, et être obligée de garantir une personne avec laquelle elle n'a pas traité, qu'elle ne connaissait même pas, contre laquelle elle n'avait aucune action directe réciproque pour le paiement des primes ! c'est absolument inadmissible ! »

De la subrogation

Les Compagnies ont prévu le cas où l'accident dont un ouvrier pourrait être victime serait imputable à la faute d'un tiers, et où, par conséquent, elles auraient la possibilité d'exercer un recours contre ce tiers pour se faire rembourser par lui l'indemnité qu'elles auraient été obligées de payer à la victime ou à ses ayants-droit.

A cet égard, une police contient la disposition suivante : « Par le seul fait de la souscription de la police, l'assuré subroge la Compagnie dans tous ses droits et actions contre les tiers, auteurs ou responsables de l'accident, et il s'oblige, à peine de déchéance, à réitérer cette subrogation ou à la faire réitérer par le sinistré ou ses ayants-droit, dans la forme que la Compagnie jugera nécessaire pour exercer le recours. » — Une autre police s'exprime ainsi : « Par le seul fait de la présente police, et sans qu'il soit besoin d'aucune autre cession, la Compagnie est subrogée dans tous les droits, recours et actions du sinistré, contre toutes personnes garantes ou responsables de l'accident, à quelque titre et pour quelque cause que cela soit. Le sinistré consent expressément à cette subrogation. Il s'oblige à renouveler cette subrogation par acte séparé, et notamment dans la quittance d'indemnité. Toutefois, la Compagnie abandonne, à l'égard du souscripteur, tous les droits qu'elle pourrait avoir contre lui comme subrogée aux droits des employés ou ouvriers victimes d'un accident dont il serait responsable. » — Dans une autre police, nous trouvons cette clause : « Par le seul fait du paiement d'une indemnité, l'assuré subroge la Compagnie dans tous ses droits, actions et recours contre les tiers auteurs responsables de l'accident. Il s'oblige, et oblige au besoin ses représentants, à faire cette subrogation, même par acte séparé. » — Enfin, une Compagnie stipule : « La Compagnie est subrogée, par le présent contrat, pour poursuivre comme elle l'entendra tout recours contre les auteurs ou personnes responsables de l'accident, autre que le souscripteur de la police. »

La clause est donc, dans tous les cas, bien formelle, et l'assureur peut, soit en son nom personnel, comme subrogé, soit au nom de la victime ou de ses ayants-droits, comme mandataire, poursuivre contre l'auteur responsable de l'accident, le remboursement ou le paiement de l'indemnité due par suite de cet accident.

Nous avons, sur la nature même de cette action, publié, dans *le Journal des Assurances* (1892, p. 170 et suiv.) une note qu'il nous paraît intéressant de reproduire ici.

Quel est le recours à exercer contre l'auteur d'un accident dont un assuré est victime ?

Trois cas peuvent se présenter : ou bien la police d'assurance contient une clause aux termes de laquelle la Compagnie est subrogée, par le seul fait de la police, pour les exercer comme elle l'entendra, dans tous les droits et actions de l'assuré contre l'auteur responsable de l'accident ; — ou bien, au contraire, la police réserve expressément à l'assuré et aux bénéficiaires de l'assurance tous leurs droits et actions contre cet auteur ; — ou bien, enfin, la police est muette sur ce point.

Dans le premier cas, pas de difficultés : la Compagnie, quand elle a payé à l'assuré ou au bénéficiaire du contrat le montant de l'indemnité stipulée, peut exercer son recours contre l'auteur de l'accident, et cela de deux manières : d'abord, en son nom propre, en vertu de l'article 1.382 du Code civil. C'est, en effet, l'auteur d'un dommage qui doit le réparer, et non un tiers ; la réparation doit être payée à celui qui a souffert le dommage, et ce dommage peut être souffert soit par la victime elle-même, soit par ses héritiers, soit même par un tiers qui n'est ni parent ni héritier de la victime, mais qui a dû faire un sacrifice quelconque, à raison de l'accident (*Pandectes françaises*, v. Assurance contre les accidents, n°s 152 et suiv). C'est bien le fait d'un tiers qui a obligé la Compagnie à payer l'indemnité qu'elle ne devait que sous la condition suspensive que l'assuré serait victime de l'accident ; cette condition s'est trouvée réalisée par la faute du tiers, qui cause ainsi à la Compagnie un préjudice qu'il doit réparer. Quant au chiffre de la réparation due, il est exactement égal au montant de l'indemnité payée à la victime ou à ses ayants-droit, y compris toutes les dépenses accessoires.

En dehors de ce droit personnel et direct, l'assureur peut user, dans l'hypothèse que nous examinons, du droit indirect résultant de la subrogation que la police lui a réservée. Il ne s'agit pas ici d'une subrogation légale, mais d'une subrogation conventionnelle autorisée par l'article 1251 du Code civil (Caen, 11 août 1868, Bonneville de Marsangy, 2° partie, p. 355). La clause de subrogation inscrite dans la police suffit à elle seule, et sans qu'il soit besoin de la réitérer dans la quittance de l'indemnité, pour que la Compagnie puisse exercer son recours. Il a même été jugé que l'assureur ne peut exiger cette réitération dans la quittance (Trib. civil de la Seine, 10 novembre 1891, *Gazette des Tribunaux*, 18 décembre 1891). Ce jugement décide que la clause dont il est question ne constitue pas à proprement parler, une subrogation, mais une simple cession d'un droit futur et éventuel. Sans nous arrêter à discuter ici cette théorie, nous nous contenterons d'observer que le droit de la Compagnie est certain et reconnu par la jurisprudence.

Ajoutons, pour terminer sur ce point, qu'il y a des cas où la Compagnie a intérêt à user du droit direct résultant pour elle de l'article 1382 du Code civil, plutôt que de la subrogation conventionnelle consentie à son profit quand, par exemple, le bénéficiaire du contrat, n'étant ni l'assuré lui-même ni son héritier, n'aurait pas de recours utile à exercer contre l'auteur de l'accident dont cet assuré aurait été victime.

Quand, au lieu de stipuler à son profit la subrogation dans les droits et actions de l'assuré ou des bénéficiaires de l'assurance contre l'auteur et les tiers responsables de l'accident, la Compagnie réserve à l'assuré ces droits et actions, la situation est encore bien nette, puisqu'elle est fixée par le contrat lui-même. Le bénéficiaire, dans ce cas, exerce en son entier le droit qui résulte pour lui de l'article 1382 du Code civil, sans qu'il y ait à s'occuper de l'indemnité qu'il a reçue de la Compagnie d'assurances. « Il ne vous paraît pas niable (*Pandectes françaises*, loc. cit. n° 150) que si les deux actions sont nées à l'occasion du même fait : l'accident, elles proviennent de deux origines distinctes, n'ayant aucune connexité entre elles. L'une a pour base le contrat d'assurance, la précaution que l'assuré a prise de se faire garantir, moyennant un sacrifice personnel qu'il s'est imposé, chaque année, sous forme de prime, une indemnité pour le cas où il serait victime d'un accident imputable soit à lui-même, soit à un tiers. L'autre action dérive du droit commun, en vertu duquel l'auteur responsable d'un dommage est tenu de le réparer. Comment serait-il admissible que cette obligation disparût ou fût seulement atténuée par le fait d'une assurance à laquelle ce tiers responsable est tout à fait étranger ? Comment pourrait-il se trouver exonéré par suite de la prévoyance dont a fait preuve la victime ? La responsabilité existe pleine et entière, et se trouve engagée aussi complètement que s'il n'y avait pas d'assurance. »

Reste, enfin, le cas où la police est muette sur la subrogation. La Compagnie est-elle *de droit* subrogée aux droits et actions de l'assuré contre l'auteur responsable de l'accident ? Evidemment non ! La subrogation dont s'agit n'est pas, nous l'avons déjà dit, une subrogation légale : en effet, la Compagnie était tenue personnellement, en vertu du contrat, et non avec ou pour d'autres, au paiement de l'indemnité stipulée ; elle n'a donc pu être subrogée légalement aux droits et actions de l'assuré ! — D'autre part, nous supposons qu'il n'y a pas non plus de subrogation conventionnelle résultant soit de la police elle-même, soit de la quittance.

Donc, dans ce cas, chacun reste dans les termes du droit commun ; c'est-à-dire que, d'un côté, l'assuré ou ses ayants-droit peut, en vertu de l'article 1,382 du Code civil, exercer son recours contre l'auteur de l'accident, ainsi que nous venons de l'expliquer ; et que, d'autre part, la Compagnie, lésée par la faute d'un tiers, peut aussi, en vertu du même article 1382, réclamer à ce tiers le remboursement des sommes payées par elles en exécution de la police, comme nous l'avons exposé dans la première partie de cette note.

Il y a peut-être là une situation quelque peu bizarre ; mais rien ne peut faire qu'elle n'existe pas. L'auteur de l'accident, en butte à une double action, saura bien se défendre, et les Tribunaux prononceront. Le succès pourra être le prix de la course, nous n'avons pas à nous arrêter à cette considération : ce qui est certain, c'est que dans la dernière hypothèse que nous avons examinée, la subrogation ne peut être attribuée de droit à la Compagnie et qu'il faut accepter toutes les conséquences de cette situation.

Ces observations, plus particulièrement inspirées par une espèce dans laquelle il s'agissait d'une assurance individuelle, s'appliquent incontestablement au cas d'une assurance collective.

Le jugement du Tribunal civil de la Seine, relaté plus haut, est conforme à la jurisprudence ; (Bonneville de Marsangy, *Jurisprudence générale des Assurances*, v. Subrogation, nos 18 et suivants, et les arrêts cités ; Amiens, 24 juillet 1841 ; Orléans, 26 août 1858 ; Toulouse, 1er juin 1877. — Voir encore, en matière d'assurance-incendie : Cass. 3 février et 5 août 1885, *Journal des Assurances*, 1885, p. 229 et 549 ; Limoges, 20 avril 1887, *ibid.* 1888, p. 41).

Le droit direct résultant pour l'assureur de l'article 1382 du Code civil a été reconnu et consacré par un jugement du Tribunal de commerce de la Seine, du 29 janvier 1892 (*Droit* du 13 février 1891), qui a décidé que tout fait qui, à partir du jour où court l'assurance, produit le risque prévu et met l'assureur dans la nécessité d'acquitter, envers l'assuré, les obligations du contrat d'assurance, cause à l'assureur un dommage dont il a, par une action directe, tirée de l'article 1382 du Code civil, le droit de demander réparation à celui par la faute duquel l'accident est arrivé. En conséquence, l'assureur, qui a dû payer aux héritiers d'un assuré tué dans un accident de chemin de fer la somme prévue par la police, a le droit d'actionner la Compagnie reconnue responsable de l'accident en dommages-intérêts.

Ç'est, d'ailleurs, le Tribunal de commerce qui est compétent pour connaître d'une demande basée sur les dispositions de l'article 1382 du Çode civil, formée contre un négociant à l'occasion d'un quasi-délit, alors que ce quasi-délit s'est produit par le fait même du commerce du défendeur et dans l'exercice de sa profession.

Le jugement dont il s'agit a été modifié par un arrêt de la Çour de Paris, du 10 juillet 1893 (*Recueil périodique des Assurances*, novembre 1893, p. 505), qui a décidé qu'une Çompagnie d'assurances qui, à la suite d'un accident de chemin de fer ayant causé la mort d'un assuré, a été obligée de payer aux ayants-droit de la victime la somme stipulée dans la police, a le droit d'en réclamer le remboursement intégral à la Çompagnie du chemin de fer civilement responsable de l'auteur de l'accident ; qu'en pareil cas, il n'est pas permis, à raison du caractère aléatoire du contrat, de réduire le chiffre de la réparation due à la Çompagnie d'assurances, et que, pour faire une juste et exacte application de l'article 1382 du Code civil on ne doit tenir compte que du préjudice certain et immédiat qu'elle a subi et dont elle justifie ; qu'enfin, l'auteur de l'accident ne pourrait soutenir que la somme moyennant laquelle il a transigé avec la victime représente l'entière réparation du préjudice éprouvé, et qu'il ne peut être tenu au-delà, si, en fait, il a été avisé de l'existence du contrat, et s'il est constant que les parties, pour la détermination des dommages-intérêts, ont tenu compte de la somme que la victime devait toucher de la Çompagnie d'assurances, et qui, jointe aux dommages-intérêts, se trouve être ainsi la réparation exacte du préjudice souffert.

La Cour, dit l'arrêtiste, a réformé la décision des juges consulaires. D'après elle, il n'y a pas à tenir compte, dans l'appréciation du dommage causé à la Compagnie d'assurances, du caractère aléatoire du contrat, mais uniquement du préjudice certain et immédiat que celle-ci a subi. Le montant de la réparation due par l'auteur de l'accident à la Compagnie d'assurances doit donc être équivalent à la somme qu'elle a payé aux ayants-droit de la victime. Si l'on voulait, dit la Cour, tenir compte de l'aléa de l'assurance, le *quantum* de la réduction d'opérer sur le chiffre de la réparation due serait nécessairement arbitraire. L'argument n'est peut-être pas péremptoire, car c'est le propre de toute allocution de dommages-intérêts d'être arbitraire ou plutôt de ne reposer que sur des considérations laissées à l'appréciation des juges. Toujours est-il que l'arrêt rapporté est conforme à la jurisprudence précédemment établie en matière d'assurances maritimes et d'assurances contre l'incendie.

Cependant, ajoute notre confrère, la Cour, tout en reconnaissant à la Compagnie d'assurances une action directe, basée sur l'article 1382 du Code civil, pour réclamer à l'auteur responsable la totalité de l'indemnité payée à la victime, paraît avoir subordonné l'exercice de cette action à l'obligation, pour la Compagnie, de révéler l'existence du contrat à l'auteur de l'accident, avant que celui-ci ait désintéressé la victime. On peut, en effet, conclure des termes de l'arrêt que si, en l'espèce, il n'avait pas été établi que la Compagnie de chemin de fer avait connu le contrat d'assurance, et s'il n'avait pas été constant pour la Cour que les parties en avaient nécessairement tenu compte dans la détermination des chiffres des dommages-intérêts, la solution eût été différente, et qu'en ce cas, la Cour aurait décidé que la Compagnie de chemin de fer aurait entièrement réparé le préjudice causé par la mort de la victime, en payant à ses ayants-droits la somme qui avait été fixée entre eux d'un commun accord.

Nous croyons donc, conclut l'arrêtiste, devoir recommander aux Compagnies d'assurances contre les accidents et sur la vie qui, à la suite d'accidents de chemins de fer, auraient à payer des indemnités de sinistre, de ne pas négliger, si elles veulent exercer leur recours, d'aviser, par lettre recommandée ou par acte extra-judiciaire, les Compagnies responsables, de l'existence des contrats et de faire toutes réserves de prendre à leur égard telles mesures que de droit.

Assurance de Responsabilité

Très généralement, en même temps qu'il contracte une assurance ayant pour but de garantir aux ouvriers victimes d'accidents le paiement *d'indemnités contractuelles*, le chef d'industrie contracte une autre assurance dont l'objet est de le garantir lui-même contre la responsabilité qui peut lui incomber, aux termes du droit commun (articles 1382 et suivants du Code civil), à l'occasion des mêmes accidents.

Quelquefois ces deux assurances sont souscrites par la même police; le plus souvent elles donnent lieu à deux polices distinctes, dont l'une, celle de responsabilité civile, est déclarée être l'annexe ou le complément de l'autre, celle d'assurance collective.

Voici les clauses de quelques-unes de ces polices, qui font bien connaître leur nature et leur objet spécial : « La présente assurance a pour objet de garantir la responsabilité civile pouvant incomber à l'assuré par suite d'accidents professionnels ayant atteint ses ouvriers ou employés. Cette assurance est le complément de la police collective ci-dessus désignée; elle ne s'applique qu'aux accidents couverts par ladite police, et ne peut exister sans elle; en conséquence, l'assuré ne bénéficiera de la présente assurance que s'il a satisfait à toutes les conditions générales et particulières de la police d'assurance collective. » — « L'assurance résultant du présent contrat a pour objet de garantir, jusqu'à concurrence de la somme fixée dans les conditions particulières ci-après : 1° la responsabilité civile pouvant incomber au souscripteur, d'après les articles 1382 à 1385 du Code civil, par suite d'accidents ayant atteint ses ouvriers et employés salariés, assurés collectivement, pendant leur travail professionnel salarié, et par suite de l'exercice même de ce travail, et provenant d'une cause violente, extérieure et involontaire; 2°..... la Compagnie ne garantit pas la responsabilité civile..... à l'occasion d'accidents qui se trouvent exclus de l'assurance par la police collective. Les conditions générales et particulières de la police collective sont applicables au présent contrat. » — « L'assurance résultant du présent contrat a pour objet la garantie de la responsabilité civile pouvant incomber aux patrons, chefs d'établissements, industriels ou sociétés, par suite d'accidents ayant atteint leurs ouvriers ou employés. » — « Le présent contrat a pour objet de garantir dans les limites qui suivent la responsabilité civile pouvant incomber au souscripteur par suite d'accidents corporels, dans les seuls cas couverts et garantis par la police collective dont il n'est que le complément, et qui auraient occasionné les cas de mort et d'infirmité déterminés par ladite police. Le souscripteur ne pourra bénéficier de la présente garantie qu'autant qu'il aura satisfait aux conditions générales et particulières de ladite police. »

Au sujet de la connexité de l'assurance collective et de l'assurance de responsabilité civile, M. Emile Lecouturier, avocat, a publié dans le journal *l'Observateur* du 24 janvier 1895, une intéressante étude, à laquelle nous demandons la permission de faire quelques emprunts. « Les deux assurances forment un ensemble régi par les mêmes règles et restreint dans les mêmes limites. L'assurance de responsabilité ne s'applique qu'aux accidents et aux ouvriers garantis par l'assurance collective. La Compagnie ne répond que des condamnations prononcées au profit des personnes que la police collective indique comme bénéficiaires éventuels des indemnités collectives. Enfin, les conditions auxquelles est soumise la réclamation de l'indemnité collective gouvernent également la mise à exécution de l'assurance de responsabilité. En résumé, l'accident qui serait exclu du bénéfice de l'assurance collective ne peut faire naître à la charge de la Compagnie une obligation de garantie vis-à-vis du patron pour la condamnation obtenue par le sinistré. Telle est bien la convention exprimée par la police; telle est la loi des parties. »

Certains Tribunaux se sont refusés à appliquer ce principe essentiel, sous le prétexte que les exclusions contenues dans la police collective seraient spéciales au contrat dans lequel elles se trouvent (par exemple, l'exclusion qui refuse la garantie de la Compagnie aux ouvriers âgés de plus de 65 ans); et que, d'ailleurs, il serait impossible d'expliquer pour quel motif le patron, condamné à payer des dommages-intérêts à un ouvrier de plus de 65 ans, serait déchu du droit de réclamer la garantie de la Compagnie.

« Cette affirmation, dit avec raison l'auteur de la note que nous avons citée, va directement à l'encontre d'une convention expresse. La police de responsabilité est qualifiée d'annexe de la police collective et se réfère aux clauses générales de celle-ci, de telle sorte que ces clauses gouvernent les deux polices. Peut-on trouver une stipulation plus explicite? Quant au motif, c'est tout simplement que la Compagnie refuse de se charger de risques de ce genre. Il importe peu que le but de l'une et de l'autre soit différent. La Compagnie a le droit incontestable de renfermer l'assurance de la responsabilité du patron dans les limites de l'assurance collective. Telle est bien la portée précise des diverses clauses qui se trouvent dans tous les contrats relativement à cette question. Si donc le souscripteur, c'est-à-dire le patron, accepte cette restriction de son assurance personnelle, de quel droit viendrait-il plus tard la contester et la nier? Libre à lui de demander une modification de la clause imprimée, au moment de la négociation du contrat. S'il l'accepte telle quelle, il est clair que la Compagnie ne saurait être engagée au delà des limites précises qui viennent d'être indiquées.

» Donc, la première règle est que les deux assurances sont connexes et constituent un tout, soumis aux mêmes règles et renfermé dans des limites communes.

» La seconde règle, c'est que la Compagnie ne répond que des condamnations prononcées au profit des personnes que la police collective indique comme bénéficiaires éventuels des indemnités qui y sont stipulées. La portée de la garantie promise au chef d'industrie se trouve encore réduite de ce chef. Il suffit, pour le comprendre, d'examiner quelles sont les personnes envers lesquelles il peut être tenu à raison d'un accident imputable à sa faute. Le principe général de l'article 1382 du Code civil a été développé à cet égard par l'article 1er du Code d'instruction criminelle, aux termes duquel l'action en réparation du dommage causé par un crime, un délit ou une contravention peut être exercée par tous ceux qui ont souffert de ce dommage. Par conséquent, l'obligation de réparer le dommage qu'on a causé à autrui existe non seulement envers ceux que le délit ou le quasi-délit a frappés directement, mais même envers ceux qui en ont souffert d'une manière indirecte. Or, les auteurs interprètent le mot *dommage* d'une façon extrêmement large et compréhensive, car ils y font rentrer non seulement le préjudice matériel, mais encore le tort moral que le délit a fait éprouver à la personne lésée, soit en la troublant dans sa sûreté personnelle, ou dans la jouissance de son patrimoine.

» . . . . . Enfin, la police de responsabilité est régie par les règles de fond et de forme qui sont énumérées dans la police collective. Les règles de fond peuvent se résumer en une seule : l'obligation pour l'assuré d'agir toujours envers la Compagnie avec une absolue bonne foi, soit au moment de la souscription de l'assurance, soit pendant le cours du contrat, soit au moment des déclarations à faire en cas d'accident. Le principe général posé par le Code de commerce pour les assurances maritimes se retrouve fréquemment au milieu des conditions générales de la police collective ; quelquefois, d'ailleurs, il est rappelé dans la police de responsabilité elle-même. Quant aux règles de forme, savoir l'obligation de déclarer l'accident dans un certain délai, d'envoyer à la Compagnie dans un autre délai tous les renseignements y relatifs, etc., elles s'appliquent également au contrat de responsabilité civile. Par conséquent, toute réticence, toute fausse déclaration constatée à la charge du patron annule à la fois la police collective et la police annexe. De même, la violation des règles de forme que nous venons de rappeler, selon que l'accident est dû ou non à une faute du patron, enlève à celui-ci le droit à la garantie de la Compagnie pour les condamnations qu'il redoute, ou aux ouvriers la créance de l'indemnité stipulée dans la police collective. »

La police de responsabilité civile spécifie toujours le chiffre maximum de la garantie au paiement duquel la Compagnie peut être tenue pour le compte de son assuré ; ce maximum est généralement fixé par victime et par accident. Donc, quand il intervient contre le chef d'industrie une condamnation à une somme de dommages-intérêts supérieure à la garantie, l'assuré conserve cet excédent à sa charge.

Il est généralement stipulé que si la réparation civile consiste en une rente viagère, la Compagnie sera seulement tenue d'en payer les arrérages jusqu'à épuisement de la somme garantie. (Voir, à ce sujet, *Moniteur des Assurances*, 15 mai 1894, p. 203 et suiv., et *Revue de la jurisprudence-accidents, passim*.).

L'indemnité contractuelle stipulée par la police d'assurance collective, et l'indemnité fixée par la police de responsabilité civile ont chacune une origine et un but différents : la première prend naissance dans le contrat lui-même, et son objet est de garantir une indemnité à l'ouvrier victime d'un cas de force majeure, d'un cas fortuit, ou même de sa propre imprudence ou maladresse ; la seconde dérive du droit commun établi par les articles 1382 et suivants du Code civil ; elle a pour but de mettre le chef d'industrie à l'abri des conséquences pécuniaires du recours que la victime et ses ayants-droit peuvent exercer contre lui.

Il est donc parfaitement admissible que les Compagnies d'assurances s'opposent au cumul de l'une de ces indemnités avec l'autre, et c'est ce que stipulent, en général, les polices. L'une d'elles, par exemple, dispose, à cet égard, dans les termes suivants : « Il est expressément convenu que lorsque la Compagnie aura, en exécution du présent contrat, relevé le souscripteur des dommages-intérêts mis à sa charge par une condamnation judiciaire prononcée contre lui, en faveur d'un de ses salariés, elle ne pourra être en outre tenue de lui garantir le paiement des indemnités stipulées dans la police collective en faveur des mêmes salariés, celles-ci étant exclusivement destinées à couvrir les accidents fortuits ne pouvant donner lieu à l'application des articles 1382 à 1385 du Code civil. La Compagnie, ne percevant qu'une seule prime, ne peut être chargée d'une double indemnité. »

Une semblable stipulation est parfaitement licite ; et nous trouvons dans le journal *la Semaine* du 23 décembre 1894 une étude qui pose très clairement la question, et dont il nous paraît intéressant de citer les parties principales.

Si l'accident est dû à la faute du chef d'industrie, l'ouvrier a droit, aux termes de l'article 1382 du Code civil, de réclamer à son patron l'entière réparation du préjudice qui en est résulté pour lui. Si, au contraire, l'accident a eu pour cause une imprudence de l'ouvrier, ou un cas fortuit, ou si la responsabilité du patron ne peut être établie en justice, l'ouvrier est dénué de tout recours. Pour éviter les conséquences de cette situation, on a imaginé l'assurance collective, qui a pour but de procurer une indemnité aux ouvriers victimes d'accidents professionnels, lorsque le patron n'en est pas responsable.

Mais la création de la police collective n'a aucune influence sur les droits que l'ouvrier tient de la loi elle-même. Que les ouvriers soient ou non assurés contre les accidents, ils n'ont pas moins à leur disposition un recours contre le patron, quand l'accident est imputable à une faute de ce dernier. Donc, le chef d'industrie demeure responsable des conséquences de toute négligence qui déterminerait une catastrophe fatale à ses ouvriers. C'est pour cette raison que les Compagnies ont inséré dans les polices la clause interdisant le cumul. Puisque, en pareil cas, les ouvriers sont complètement indemnisés par le patron des conséquences pécuniaires de l'accident, le cumul de deux indemnités ne saurait s'expliquer. Si l'on autorisait l'ouvrier à les cumuler, il recevrait une somme supérieure à ce que son travail lui aurait rapporté; il bénéficierait de l'accident. Un pareil résultat est contraire tout à la fois aux principes de la matière et à la convention des parties : aux principes, parce que l'assurance est essentiellement un contrat d'indemnité, exclusif de toute idée de gain, de bénéfice; — à la convention, parce que la Compagnie a formellement stipulé qu'elle ne devrait l'indemnité convenue dans la police d'assurance collective que dans les cas où l'ouvrier serait privé de tout recours contre son patron.

« En résumé, l'ouvrier couvert par une assurance collective a toujours droit à une indemnité en cas d'accident; mais la source de son droit et la personnalité de son débiteur varient suivant les cas : si l'accident est dû à la faute du patron, l'article 1382 du Code civil lui permet de réclamer des dommages-intérêts à ce dernier; si la responsabilité du patron n'est pas engagée, il a droit purement et simplement à l'indemnité fixée dans la police collective..... La plupart des polices d'assurances contiennent sur ce point des déclarations tellement formelles qu'on a peine à s'expliquer comment la jurisprudence a pu passer outre. Il semble bien que les Compagnies ont le droit de restreindre leur engagement dans les limites qu'il leur plaît de fixer, et que les conditions insérées au contrat, une fois acceptées de part et d'autre, font la loi des parties. L'ordre public n'est d'ailleurs pas intéressé dans une semblable question. Si donc les Compagnies ne promettent d'indemnité à l'ouvrier que dans les cas où le patron n'est pas responsable de l'accident, comment les juges pourraient-ils supprimer cette restriction essentielle, pour donner à leur obligation un caractère absolument général contraire à la convention écrite?

» Afin de mieux empêcher le cumul, elles introduisent fréquemment dans les polices collectives un article portant que « tout paiement entraîne pour le sinistré la renonciation à tout recours contre le patron. » Pour nous, cette stipulation est également licite. L'ouvrier victime d'un accident a une option à faire quant au recours qu'il peut exercer. S'il croit la responsabilité de son patron engagée, il lui demandera la réparation du préjudice résultant pour lui de sa blessure ; s'il n'a pas cette conviction, ou bien s'il est débouté de l'action qu'il aura formée, il se rabattra sur l'indemnité prévue par la police collective. Naturellement, si l'entreprise présente le moindre espoir de succès, il tentera la chance d'un procès contre son patron, qui, seul, peut lui procurer une réparation égale au montant du dommage souffert. Lors donc qu'il se résigne à recevoir l'indemnité contractuelle, il reconnaît plus ou moins spontanément, mais il reconnaît l'irresponsabilité du patron, et l'on est fondé à dire que le fait de toucher cette indemnité implique de sa part l'abandon de toute action contre celui-ci. Dans ces conditions, la clause dont il s'agit n'exprime-t-elle pas l'absolue vérité en déclarant « que tout paiement de l'indemnité prévue par la police collective entraîne pour le sinistré la renonciation à tout recours contre le patron ? » Si l'ouvrier a réellement une libre option entre les deux actions dont il s'agit, en quoi est-elle contraire, comme le dit la Cour de Nancy (26 janvier 1884) soit à l'ordre public, soit à la liberté des contrats ? C'est par suite d'une erreur d'interprétation qu'on a prétendu que cette clause permet au patron de s'affranchir de toute responsabilité personnelle au moyen du paiement de l'indemnité stipulée dans la police. Nous venons, en effet, de voir que l'ouvrier a toujours, en cas d'accident, et malgré l'existence de cette assurance, le droit de se pourvoir contre son patron, s'il croit que l'accident a pour cause une faute de ce dernier. Seulement, cette solution exige que l'on maintienne absolue et sans réserve aucune, au profit de l'ouvrier, l'option dont nous venons de parler. Or, cette option serait rendue impossible par une autre clause fréquente des polices d'assurances, savoir celle qui déclare l'ouvrier déchu de toute action contre la Compagnie et du droit à l'indemnité lorsqu'il a exercé l'action en responsabilité civile contre son patron. Les observations qui précèdent suffisent à démontrer la nullité radicale d'une clause qui tend à débarrasser les chefs d'industrie de la responsabilité de leurs fautes lourdes et à leur procurer une immunité complète. Si, en effet, on la déclarait valable, l'ouvrier serait porté le plus souvent à renoncer à l'émolument aléatoire d'un procès en responsabilité contre son patron pour recevoir de suite le montant de l'indemnité moins avantageuse que lui offre la Compagnie. Or, l'exercice du droit de l'ouvrier, tel qu'il est institué par les articles 1382 et 1383 du Code civil, ne doit être entravé par aucun obstacle plus ou moins apparent, et pour ces motifs, la nullité de cette clause a été, avec raison, croyons-nous, proclamée par la jurisprudence. »

Nous en aurons terminé avec la police de responsabilité civile quand nous aurons rappelé que la Compagnie a la direction exclusive des procès intentés à ses assurés par leurs ouvriers victimes d'accidents ou leurs ayants droit ; que les assurés ne peuvent, à peine de déchéance, appeler la Compagnie en garantie, tout en ayant, bien entendu, le droit d'exercer contre elle une action directe si elle décline à tort la responsabilité ; que toutes les pièces de procédure doivent être, dans un délai déterminé, transmises à la Compagnie, qui, seule, a le droit de transiger avec les victimes. Disons, enfin, qu'on trouvera quelques décisions intéressantes citées dans les *Pandectes françaises* (v° Assurances contre les accidents, n°s. 257 et suivants).

Assurance individuelle.

Un accident est, comme nous l'avons dit, un événement imprévu provenant d'une cause violente, extérieure et involontaire ; cette définition suffit à faire comprendre le but et l'utilité de l'assurance individuelle contre les accidents, et à démontrer qu'elle ne peut et ne doit, à aucun point de vue, être confondue avec l'assurance sur la vie. Elle a pour objet de garantir soit à la famille de l'assuré, en cas de mort de celui-ci par suite d'accident, une indemnité fixée d'avance ; soit à l'assuré lui-même, si l'accident dont il est victime entraîne une incapacité de travail plus ou moins complète, définitive ou temporaire, une indemnité également déterminée par le contrat. Tandis que, dans l'assurance sur la vie, il n'y a pas de sinistre partiel, une blessure légère ou grave, la perte d'un ou plusieurs membres ne donnant droit à aucune réparation, au contraire, dans l'assurance individuelle contre les accidents, ces divers cas sont prévus et garantis ; de telle sorte que ce mode d'assurance est, avec raison, considéré comme le complément de l'assurance sur la vie.

La police individuelle est, le plus habituellement, souscrite par l'assuré lui-même, qui doit en bénéficier, et qui en acquitte les primes ; elle peut aussi être souscrite, au profit d'un bénéficiaire désigné, par une tierce personne, qui prend le nom de contractant et paie les primes : c'est ainsi, par exemple, qu'un créancier peut assurer son débiteur, qu'un patron peut assurer son employé ; c'est ainsi encore que, si l'assuré appartient comme sociétaire à une caisse de prévoyance ou d'assistance mutuelle, la police pourra être souscrite au profit de cette caisse, etc.

Toute police doit être précédée d'une proposition signée par l'assuré, et contenant, écrites de sa main, les indications nécessaires relatives à son état civil, à ses occupations habituelles ou accidentelles ; le proposant doit déclarer qu'il n'est sujet à aucune maladie ou infirmité grave ou permanente, et, dans le cas contraire, désigner la maladie ou l'infirmité dont il est atteint ; il doit enfin déclarer qu'il ne cache rien de ce qui pourrait influencer la Compagnie à l'égard de sa proposition : celle-ci sert de base à l'établissement du contrat.

Les Compagnies ont adopté pour cette assurance comme pour l'assurance collective, une classification des risques fondée sur les dangers qu'ils présentent, et qui sert de base à la fixation du taux de la prime, dont l'importance est, d'autre part, déterminée par le chiffre des indemnités garanties. La classification la plus généralement suivie est celle qui divise les risques en trois classes : 1° les risques ordinaires auxquels sont exposés les rentiers, les négociants, les propriétaires, les voyageurs de commerce et toutes les personnes appartenant aux professions libérales ; 2° les risques hasardeux qui peuvent atteindre les chefs d'industrie, directeurs d'usines, ingénieurs, architectes et toutes les personnes appelées à diriger des travaux manuels ; 3° les risques très chanceux auxquels sont soumis les patrons se livrant occasionnellement à des travaux manuels, contre-maîtres, surveillants d'atelier ou de chantier. — Une seconde classification est employée par certaines Compagnies ; elle comprend deux catégories : la première consacrée aux personnes exerçant des professions libérales ou commerciales, mais sédentaires, et ne présentant aucun danger spécial ; la deuxième affectée aux professions commerciales ou libérales non exclusivement sédentaires, ou pouvant entraîner certains risques. D'autres Compagnies ont enfin imaginé trois classes : dans la première sont rangées les personnes des professions libérales, les rentiers, employés ou commerçants ; la deuxième comprend notamment les médecins, industriels, ingénieurs, ou toute personne dirigeant des travaux sans se livrer à aucun travail manuel ; la troisième concerne principalement les personnes travaillant manuellement, même d'une façon accidentelle (*Recueil périodique des assurances*, 1884, p. 517).

En ce qui concerne l'étendue de la garantie due par l'assureur, il faut s'en référer strictement aux termes du contrat. La police, en effet, fixe toujours d'une manière précise le montant des indemnités qui devront être payées aux ayants droit de l'assuré ou à l'assuré lui-même, soit en cas de mort de celui-ci, soit en cas d'infirmité permanente, soit, enfin, en cas d'incapacité temporaire, partielle ou totale, de travail. Elle détermine également les infirmités permanentes qui donnent droit à une indemnité ; suivant les Compagnies, cette division comporte trois, quatre ou cinq degrés, dans chacun desquels sont énumérées un certain nombre de lésions donnant lieu au paiement d'une indemnité.

De même, le contrat exclut du bénéfice de l'assurance certaines personnes ou certains accidents : ainsi, par exemple, les personnes atteintes de maladies ou d'infirmités graves et permanentes ; ainsi, encore, l'assurance ne s'applique pas au cas de mort, d'infirmité ou d'incapacité de travail résultant d'une maladie quelconque se déclarant avant, pendant ou après un accident, qu'elle soit directement ou conjointement avec l'accident la cause de la mort, de l'infirmité ou de l'incapacité de travail. Ainsi, enfin, sont exclus de l'assurance : les conséquences du suicide, de l'aliénation mentale, de l'épilepsie, de la surdité, de l'asphyxie, de l'empoisonnement, des mutilations volontaires, du duel, de rixe et de lutte, de guerre ou d'émeute, d'ascensions aérostatiques, de courses de chevaux, d'opérations chirurgicales n'étant pas nécessitées par un accident garanti par le contrat, ainsi que les accidents arrivés pendant l'état d'ivresse ou résultant d'infractions aux lois et réglements publics ou particuliers relatifs à la sécurité des personnes. — Sur tous ces points, il faut s'en rapporter aux termes mêmes du contrat, qui sont, en général, très explicites.

Il en est de même en ce qui concerne le lieu où se produit l'accident. A cet égard, une police s'exprime ainsi : « Cette assurance n'a d'effet qu'en Europe et en Algérie ; en mer, les accidents ne sont garantis que pendant la traversée d'un port d'Europe ou d'Algérie à un autre port d'Europe ou d'Algérie, effectuée à bord d'un bâtiment faisant un service régulier de passagers. En dehors du territoire français continental, l'assurance ne couvre pas l'incapacité de travail. » — Dans une autre police, nous trouvons la disposition suivante : « La présente assurance n'a d'effet qu'en Europe, en Algérie et en Tunisie. En dehors des territoires Français, Suisse, Espagnol, Belge, Hollandais, de l'Alsace-Lorraine et de la Corse, elle ne couvre que les cas de mort. Les traversées maritimes effectuées par vapeurs postaux faisant un service régulier de passagers sont autorisées dans les limites de l'Europe, de l'Algérie et de la Tunisie, c'est-à-dire que la Compagnie garantit les voyages maritimes entre deux ou plusieurs ports de l'Europe, de l'Algérie et de la Tunisie, ainsi que les traversées entre l'Europe, l'Algérie et la Tunisie, etc. » — Une autre police stipule : « La présente assurance n'a d'effet qu'en Europe, en Algérie et en Tunisie. En dehors des territoires Français, Suisse, Belge, Hollandais, de l'Alsace-Lorraine, de l'Algérie et de la Corse, elle ne couvre pas l'incapacité temporaire de travail. En mer, les accidents ne sont garantis que pendant la traversée d'un port d'Europe à un autre port d'Europe, d'Algérie ou de Tunisie effectuée à bord d'un vapeur de première classe faisant un service régulier de passagers. »

Comme on le voit, les polices fixent avec beaucoup de précision l'étendue de la garantie de l'assurance et l'on trouvera sur ces diverses questions d'intéressantes décisions relatées par les *Pandectes françaises* (v° Assurance contre les accidents, n°s 77 et suivants).

Quand un accident se produit, l'assuré doit en faire la déclaration à la Compagnie dans un délai déterminé, et accomplir certaines formalités prescrites par le contrat. Ainsi, d'après une police, dans les quarante-huit heures qui suivront un accident, l'assuré ou ses ayants droit devront le faire constater par un médecin et aviser la Compagnie par lettre chargée. Ils seront tenus de prouver que la mort, l'infirmité ou l'incapacité temporaire de travail sont le résultat direct et immédiat d'un accident garanti par la police, et ils devront, à cet effet, faire parvenir à leurs frais, dans un délai de huit jours, au siège de la Compagnie ou de son agence : 1° la déclaration signée et légalisée des témoins de l'accident, contenant les nom, prénoms, âge et domicile du sinistré, les circonstances et le lieu de l'accident ; 2° le certificat du médecin appelé, relatant la nature de l'accident et faisant connaître ses conséquences probables. L'inaccomplissement de ces formalités dans les délais prescrits fait perdre tous droits à l'assurance. — Une autre police s'exprime ainsi : « Tout sinistre est dénoncé par le sociétaire à la direction à Paris, ou au représentant de la Société dans les départements et à l'étranger, dans un délai de quarante-huit heures. Aucune demande en indemnité n'est admise lorsqu'il s'est écoulé huit jours sans déclaration. Le Sociétaire doit adresser à la Société et à ses frais, un certificat du médecin, légalisé par le maire ou par le commissaire de police, en même temps que sa déclaration qui devra être adressée par lettre recommandée dans le délai ci-dessus, sous peine de déchéance. »

En principe, toutes ces prescriptions doivent être interprétées et exécutées à la lettre, et la validité de la clause de déchéance, faute de déclaration de l'accident dans le délai fixé, ne saurait faire aucun doute (Paris, 29 janvier 1886, *Recueil périodique des assurances*, 1886, p. 123 ; Tribunal civil de la Seine, 13 février 1878, *Journal des assurances*, 1878, p. 190, etc.). De même, il a été jugé que, quand la police oblige l'assuré à recevoir, en cas d'accident, la visite du médecin de la Compagnie, et ce sous peine de déchéance, l'assuré qui s'y refuse n'a aucun droit à l'indemnité (Tribunal de commerce de Marseille, 3 août 1886, *Moniteur des assurances*, 15 décembre 1886, p. 673 et suivantes).

Nous devons dire, toutefois, que les tribunaux s'attribuent un droit d'appréciation très large au sujet, sinon de la stricte applicabilité de la clause de déchéance qui nous occupe, au moins des circonstances dans lesquelles elle est invoquée par les Compagnies. Ainsi, la Cour de Paris, par arrêt du 26 février 1894 (*Droit* du 29 mars 1894), a jugé que si, aux termes d'un contrat d'assurances contre les accidents, il est stipulé que la déclaration de l'accident doit être faite dans les quarante-huit heures, et que toute action en indemnité sera prescrite par quatre mois à compter du jour de l'accident, il appartient au juge de décider que l'assureur, en indiquant dans sa correspondance son intention d'accepter le principe du réglement de l'indemnité, a dispensé l'assuré d'introduire une action judiciaire dans les délais fixés par la police.

Ainsi encore il a été jugé par un arrêt de la Cour de Toulouse, du 3 mars 1892 (*Droit* des 23-24 septembre 1892), confirmant un jugement du Tribunal de commerce de la même ville, que la clause d'une police d'assurance aux termes de laquelle l'assuré doit faire la déclaration dans un délai fixé, ne peut être invoquée par la Compagnie pour se refuser au paiement de l'indemnité que si le contrat contient formellement la sanction de la déchéance, en cas d'inobservation de cette clause ; que, dans tous les cas, le délai ne court qu'à partir du jour où les conséquences de l'accident en ont révélé la gravité à l'assuré ; et que la Compagnie d'assurances qui procède à l'expertise sans formuler d'expresses réserves sur la déchéance qu'elle prétend plus tard avoir à invoquer, n'est pas recevable à opposer ce moyen. Trois conséquences résultent de cette décision : d'abord, les Compagnies d'assurances ne sauraient prendre trop de précautions dans la rédaction de leurs contrats : quand elles entendent imposer à l'assuré une obligation à peine de déchéance, il est indispensable que cette déchéance soit stipulée en termes exprès et formels ; elles s'exposent, en effet, si un doute quelconque subsiste dans l'esprit du juge qui est chargé d'appliquer le contrat, à voir ce doute interprété contre elles, et en faveur de l'assuré. — Ensuite, la tendance des tribunaux est manifestement de s'attribuer un pouvoir d'appréciation très large en semblable matière ; puisque, par exemple, dans l'espèce jugée par la Cour de Toulouse, il a été reconnu que l'assuré n'avait pas encouru la déchéance en laissant écouler le délai prescrit par la police pour faire la déclaration de l'accident dont il avait été victime, et cela par ce motif qu'il n'avait pu se rendre compte qu'après l'expiration de ce délai de la gravité des conséquences dudit accident. C'est incontestablement laisser le champ libre à des appréciations souvent erronées et arbitraires. — Enfin, les Compagnies ne sauraient trop se garder des démarches qui peuvent être interprétées dans le sens d'une renonciation à une déchéance stipulée dans le contrat.

Le Tribunal civil de la Seine a rendu, le 17 mai 1893 (*Moniteur des assurances*, 15 décembre 1893, p. 552), une décision qui, bien qu'elle ait statué en fait, n'en est pas moins intéressante à signaler. Il en résulte que l'assuré ne doit à la chose assurée que le soin qu'il donnerait à cette chose, si elle n'était pas assurée ; et que, en conséquence, lorsqu'un médecin, qui a contracté une assurance sur la vie, en cas de décès par accident, et notamment dans l'exercice de sa profession, meurt d'un phlegmon causé par le contact du pus d'un malade à une écorchure qu'il avait à la main, ses héritiers ont droit au montant de l'assurance, quand même il n'aurait pas pris de précautions antiseptiques, si ces précautions n'étaient nécessitées ni par la nature du mal à soigner, ni par celle de l'écorchure.

La Cour de Paris, par l'arrêt du 26 février 1894, cité plus haut, a décidé encore que le défaut de paiement des primes, ou le refus par l'assuré de payer les primes, n'entraîne pas *ipso facto* la résiliation de la police, si cette police ne contient pas une clause expresse portant qu'en cas de non paiement de la prime à l'échéance, l'assurance sera résolue de plein droit ; que la résiliation doit donc, en ce cas, être demandée en justice, conformément à l'article 1189 du Code civil ; mais que le juge peut ne point la prononcer s'il est constaté que l'assureur s'est toujours refusé à la résiliation du contrat, et n'a invoqué ce moyen que le jour où il devait en exécuter les charges.

Nous signalerons enfin, sur l'obligation de déclarer les accidents et sur les conséquences de sa non exécution, les nombreuses décisions judiciaires relatées par les *Pandectes françaises* (v° Assurance contre les accidents, titre Ier, chapitre IV, nos 102 et suivants).

Le bénéficiaire de l'assurance est désigné par la police ; quand il s'agit d'une incapacité temporaire de travail ou de l'une des infirmités spécifiées par le contrat, ce bénéficiaire est, tout naturellement, l'assuré lui-même, à qui l'indemnité doit être payée, dans le premier cas, aussitôt après la guérison constatée, et, dans le second cas, après la constatation définitive du degré d'infirmité.

En cas de mort, la police désigne expressément, le plus souvent, la personne à laquelle l'indemnité doit être payée ; il n'y a, dès lors, qu'à se conformer à ses stipulations, en tenant compte des règles posées par l'article 1121 du Code civil, concernant la stipulation pour autrui.

« Si la police est muette, on se demande en qui le droit à indemnité a pris naissance : est-ce dans la personne de l'assuré, qui, dès lors, le transmet à ses héritiers comme faisant partie de l'actif de sa succession ? Au contraire, se place-t-il directement sur la tête des héritiers qui ont subi un préjudice par suite de la mort de leur auteur? Dans le premier cas, l'indemnité serait attribuée à tous les héritiers acceptants, dans la proportion de leur part héréditaire, même sans qu'ils aient subi aucun préjudice ; dans le second, la base de répartition est le préjudice subi. Le second système est plus généralement admis. » *(Pandectes françaises,* v° Assurance contre les accidents, n° 124).

Le Tribunal civil de Lyon a jugé que l'indemnité, constituant une réparation du dommage causé par l'accident, doit profiter aux personnes qui en souffrent le plus, à la veuve notamment, dans une proportion qu'il appartient au tribunal de déterminer en cas de contestation (8 décembre 1869, D. 6. 70. 3. 63). L'indemnité d'assurance ne faisant pas partie de la succession de l'assuré, les créanciers ne peuvent exercer aucun droit à son égard, et, notamment, ne peuvent faire opposition entre les mains de la Compagnie (Tribunal civil de la Seine, 2 juin 1886, *Journal des assurances,* 1887, p. 86).

Il a été décidé par la Cour de Lyon (3 juillet 1888, *Recueil des arrêts de Lyon,* 1888, p. 369) que lorsqu'une personne ayant contracté une assurance en cas d'accident décède sans avoir ni réglé contradictoirement avec l'assureur, ni même demandé, amiablement ou judiciairement, à celui-ci l'indemnité à laquelle elle pouvait prétendre pour incapacité de travail, à raison d'un accident qui a ultérieurement déterminé sa mort, le droit personnel qu'elle aurait eu s'éteint avec elle, et n'a pu, dès lors, être transmis à ses héritiers : l'assureur n'est, en conséquence, redevable aux héritiers que de l'indemnité qui aurait été stipulée à leur profit au cas de décès de l'assuré.

Il a encore été jugé par la Cour de Paris (8 juillet 1889, *Recueil périodique des assurances,* 1889, p. 214) qu'en présence d'une assurance contre les accidents, stipulée au profit de l'assuré et de ses héritiers, l'assureur ne peut, en cas de décès de l'assuré par accident, se refuser à payer aux héritiers de celui-ci l'indemnité stipulée, soit par le motif que le décès de leur auteur ne leur aurait pas préjudicié, soit par cet autre motif que la stipulation faite par l'assuré au profit de ses héritiers serait nulle, comme faite au profit de personnes incertaines.

Quoi qu'il en soit, et en résumé, on ne saurait, en contractant une assurance de cette nature, prendre de trop minutieuses précautions dans la désignation des bénéficiaires de la police.

Les statuts de la plupart des Compagnies d'assurances déterminent la somme maxima qu'elles peuvent assurer pour un seul risque et le plein qu'elles peuvent conserver sur ce risque. Quand les statuts sont muets à ce sujet, c'est une question de prudence, de la part de la direction, de ne pas rester engagée pour une somme trop forte sur un seul risque.

Les Compagnies, alors, réassurent une partie du risque, c'est-à-dire qu'elles passent soit avec une autre Compagnie d'assurance exploitant la même branche, soit avec une Compagnie de réassurances, un traité d'après lequel, en même temps qu'elles lui abandonnent une partie de la prime qu'elles perçoivent, elles lui font garantir une portion correspondante de l'indemnité qu'il y aurait à payer si un risque survenait. En général, la Compagnie-réassureur ne consent à couvrir sur un risque qu'une somme égale à celle que conserve pour son compte la Compagnie-assureur direct, souvent même une somme moindre, mais jamais une somme supérieure.

Cette convention, d'ailleurs, ne touche en rien l'assuré, qui n'a pas à s'en occuper, ni même à la connaître ; il n'a jamais affaire qu'à la Compagnie même avec laquelle il a traité ; c'est à celle-ci à exercer son recours personnel contre le réassureur, qui n'intervient que pour diminuer l'importance du risque couru par l'assureur, et, comme conséquence, pour donner une garantie plus grande à l'assuré, le risque étant plus divisé et se trouvant couvert par plusieurs Compagnies, au lieu de l'être par une seule.

D'une façon absolue, le réassureur « suit la fortune de l'assureur direct, soit en ce qui concerne la solvabilité ne l'assuré, le paiement des primes, la résiliation de la police, etc., soit en ce qui touche le réglement du sinistre, les transactions, les procès, etc. » Les opérations de réassurance ne donnent pas lieu à la confection d'une police spéciale : elles sont simplement constatées par des inscriptions sommaires faites sur des carnets spéciaux.

Il peut se faire que l'accident dont l'assuré est victime soit imputable à un tiers qui, par suite, en est responsable. Que se passera-t-il alors, et qui, de l'assureur ou de l'assuré, aura le droit d'exercer le recours ? Il faut, avant tout, s'en référer aux termes du contrat. Certaines polices contiennent, à cet égard, la disposition suivante : « La Compagnie réserve à l'assuré ou au bénéficiaire de l'assurance tous leurs droits et actions contre l'auteur et les tiers responsables de l'accident. » D'autres polices, au contraire, stipulent que « la Compagnie est subrogée pour poursuivre comme elle l'entendra, jusqu'à concurrence des sommes qu'elle aura payées à l'assuré, le recours qui lui appartient contre les auteurs ou personnes responsables de l'accident ; cette subrogation sera donnée dans la forme exigée par la Compagnie comme condition au paiement de l'indemnité. »

Tout d'abord, nous rappellerons une note publiée dans le *Journal des assurances* (1892, p. 170 et suiv.), que nous avons, en partie, reproduite dans la présente Etude, au sujet du recours à exercer en matière d'assurance collective.

Voici, d'autre part, quelques-unes des considérations publiées dans les *Pandectes françaises* (v° Assurance contre les accidents, n° 149 et suiv.) : « Il y a des polices qui réservent expressément à l'assuré et aux bénéficiaires de l'assurance tous leurs droits et actions contre l'auteur et les tiers responsables de l'accident. Dans ce cas, le bénéficiaire, outre qu'il reçoit de la Compagnie le montant de l'indemnité stipulée, peut exercer contre l'auteur responsable de l'accident l'action qui lui est attribuée par les articles 1382 et suivants du Code civil. Le droit à une double action, qui n'est pas contesté quand l'indemnité reçue de la Compagnie d'assurances ne répare que dans une mesure incomplète le préjudice éprouvé par suite de l'accident, a été mis en doute quand, au contraire, la réparation a été complète. — Il ne nous parait cependant pas niable que si les deux actions sont nées à l'occasion du même fait, l'accident, elles proviennent de deux origines distinctes, n'ayant aucune connexité entre elles. L'une a pour base le contrat d'assurance, la précaution que l'assuré a prise de se faire garantir, moyennant un sacrifice personnel qu'il s'est imposé, chaque année, sous forme de prime, une indemnité pour le cas où il serait victime d'un accident imputable soit à lui-même, soit à un tiers. L'autre action dérive du droit commun, en vertu duquel l'auteur responsable d'un dommage est tenu de le réparer. Comment serait-il admissible que cette obligation disparût ou fût seulement atténuée par le fait d'une assurance à laquelle ce tiers responsable est tout à fait étranger ? Comment pourrait-il se trouver exonéré par suite de la prévoyance dont a fait preuve la victime ? Nous estimons donc que sa responsabilité subsiste pleine et entière, et se trouve engagée aussi complètement que s'il n'y avait pas d'assurance. » On trouvera relatées au même endroit (n° 156 et suivants) un certain nombre de décisions judiciaires intéressantes relatives à la question qui nous occupe.

Il convient d'y ajouter : 1° Un jugement du Tribunal civil de la Seine, du 10 novembre 1891 (*Moniteur des assurances*, 15 juin 1892, p. 222) qui a décidé que la clause d'une police d'assurance portant que l'assuré subroge l'assureur dans ses droits et actions, jusqu'à concurrence des sommes que ce dernier aura payées à l'assuré, ne constitue pas, à proprement parler, une subrogation ; que c'est une simple cession d'un droit futur et éventuel ; que, par suite, quand l'assureur a payé l'indemnité stipulée, il est fondé à exercer les droits et actions auxquels il a été subrogé, sans qu'il soit besoin que la subrogation ait été renouvelée dans la quittance ; — 2° un jugement du Tribunal de commerce de la Seine (29 janvier 1892, *Droit* du 13 février 1892) duquel il résulte que tout fait qui, à partir du jour où court l'assurance, produit le risque prévu et met l'assureur dans la nécessité d'acquitter envers l'assuré les obligations du contrat d'assurance, cause à l'assureur un dommage dont il a, par une action directe tirée de l'article 1382 du Code civil, le droit de demander réparation à celui par la faute duquel l'accident est arrivé. En conséquence, l'assureur qui a dû payer aux héritiers d'un assuré tué dans un accident de chemin de fer la somme prévue par la police, a le droit d'actionner la Compagnie reconnue responsable de l'accident en dommages-intérêts.

Nous en aurons terminé avec l'assurance individuelle quand, en ce qui concerne la prescription et la compétence, nous aurons renvoyé aux stipulations de la police et à ce que nous avons eu l'occasion de dire, relativement à l'assurance collective.

Assurance contre le bris des glaces.

L'assurance contre le bris des glaces a pour objet, comme son nom l'indique, de garantir l'assuré contre le bris des glaces et carreaux cassés involontairement par lui ou par les personnes de sa maison, ou encore par le fait, ou la faute, l'imprudence ou la malveillance des tiers, et même par suite de rixes, jets de projectiles, vices de construction et tassement des immeubles.

Cette définition, qui est aussi générale et aussi compréhensive que possible, comporte, dans certains cas, ou plutôt avec les polices de certaines Compagnies, des restrictions qu'il convient de signaler : ainsi, il y a des polices qui excluent de l'assurance les accidents résultant soit des vices de construction des immeubles, soit de leur tassement. — Ainsi encore, et d'une façon unanime, les Compagnies ne garantissent pas les dommages résultant de l'effet direct ou indirect du feu ou du gaz, d'explosion, quelle qu'en soit la cause, d'émeute, de guerre civile ou étrangère et de tous cas de force majeure.

Disons tout de suite que, pour les dommages résultant du feu, du gaz ou de la foudre, les intéressés sont garantis ou peuvent se faire garantir au moyen de l'assurance contre l'incendie, qui, par des stipulations spéciales, couvrent ces risques, soit avec une augmentation de la prime (pour le gaz), soit même gratuitement (pour la foudre). — Quant aux pertes provenant de faits de guerre ou d'émeutes, les lésés ont la possibilité d'exercer un recours utile soit contre les municipalités, soit contre l'Etat, suivant les cas, et en se conformant aux lois générales ou particulières. — Enfin, en ce qui concerne les explosions, rappelons que, depuis quelques années, les Compagnies d'assurance contre l'incendie couvrent, moyennant une prime spéciale, les dégâts résultant de l'explosion de la dynamite ou de tous autres produits ou engins.

Il est bien entendu que, dans la pratique, et sans qu'il y ait là une obligation absolue, le contrat se constate, comme pour toutes les autres branches d'assurances, par une police faite en double exemplaire, et qui contient les conditions générales et particulières stipulées entre les parties.

Ajoutons, pour en finir avec les généralités, que cette assurance, d'un intérêt sérieux dans les grandes villes, notamment pour les boutiquiers, commerçants, etc., est pratiquée depuis longtemps à Paris : parmi les quelques Compagnies qui exploitent seulement cette division de la branche accident, l'une remonte à 1829. Dans ces dernières années, quelques unes des Compagnies qui pratiquaient déjà l'assurance contre les accidents des chevaux et voitures et l'assurance contre les accidents corporels ont joint à ces diverses opérations l'assurance contre le bris des glaces, et cette industrie a pris un développement relativement important.

Nous allons d'abord, en suivant les polices de quelques Compagnies, faire connaître les conditions principales du contrat qui régit la matière dont nous nous occupons ; et nous signalerons ensuite un certain nombre de décisions judiciaires qui ont tranché des questions controversées ou litigieuses.

L'objet et l'étendue de l'assurance sont, en général, bien formellement délimités par le contrat. Ainsi, une police s'exprime ainsi : « La Compagnie est seulement tenue envers l'assuré au remplacement des glaces ou carreaux brisés et aux travaux de miroiterie nécessités par ce remplacement ; elle n'est responsable ni des encadrements, ni d'aucun autre dommage, quel qu'il soit. — Les morceaux de l'objet brisé appartiennent à la Compagnie. »

Une autre police, encore plus explicite à cet égard, contient la disposition suivante : « La Compagnie s'engage à remplacer les glaces, carreaux ou vitraux brisés ou à en payer le montant à l'assuré après transaction amiable ou expertise contradictoire. — La Compagnie n'est tenue envers l'assuré qu'au remplacement ou au paiement des objets brisés et aux travaux de miroiterie, à l'exclusion de tous autres. Elle n'est pas responsable des objets endommagés par le bris des glaces, carreaux ou vitraux ; elle ne doit également aucune indemnité pour l'interruption que pourraient apporter dans les affaires de l'assuré les travaux de réparation, ni pour le préjudice occasionné par ces travaux. »

A cet égard, il nous paraît intéressant de signaler ici un jugement du Tribunal civil de la Seine, du 13 mars 1893, qui a bien nettement tranché la question de l'étendue de la garantie de la Compagnie.

Une Compagnie d'assurance réclamant le paiement d'une prime à l'un de ses assurés, celui-ci avait formé une demande reconventionnelle en remboursement du prix d'un cadre qui lui avait été fourni, à la suite d'un accident pour lequel la Compagnie n'avait payé que le prix de la glace. Le Tribunal de paix du sixième arrondissement de Paris avait accueilli favorablement cette demande reconventionnelle.

Sur appel, le Tribunal civil, après avoir constaté que le cadre avait été, en fait, commandé par l'assuré, et non par la Compagnie, a statué en ces termes : « Attendu que l'assuré argue de ce que la police parle de « bandes de glace », et qu'il en conclut que ces mots « bandes de glace » veulent dire « cadres de glace » ; mais que ces mots « bandes de glace » s'entendent non pas des cadres, mais de glaces disposées d'une certaine façon ; que les dites bandes figurent bien dans la police au même titre que les autres glaces, avec mention de leur superficie et de leur prix ; qu'au contraire, la police ne fait aucune mention des cadres proprement dits ; que, sans doute, aux termes de la police. la Compagnie doit les travaux de miroiterie ; mais que ces mots « travaux de miroiterie » s'appliquent à la pose et à l'étamage des glaces, seuls objets assurés, et non à la pose ou à la façon des cadres, lesquels ne le sont pas. » Le Tribunal a, en conséquence, infirmé le premier jugement.

Le chiffre de la prime est établi, conformément aux tarifs des Compagnies, en prenant pour base, d'une part la nature des risques à assurer, et, d'autre part, la taille des glaces et des carreaux. Il varie suivant qu'il s'agit de glaces blanches ou de glaces étamées, de verres simples, de verres doubles ou de verres mousselines, de tablettes (fonds et plafonds de montres), de glaces ou de verres unis, façonnés ou gravés, etc.. suivant, enfin, que les glaces et carreaux assurés sont situés à l'intérieur des habitations ou à l'extérieur, c'est-à-dire à la devanture des magasins, etc.

La prime, dont le taux est ainsi fixé à forfait, d'après les déclarations de l'assuré, et après vérification de la Compagnie, est payable d'avance, et généralement par année. Elle doit être acquittée à l'époque fixée pour son échéance, sous réserve de ce qui est stipulé pour le délai de grâce, qui est, par exemple, de cinq jours ou de quinze jours ; c'est-à-dire que si l'assuré paie sa prime dans le délai ainsi convenu, il ne sera pas déchu de la garantie de la Compagnie pour les accidents qui se seront produits dans ce délai.

Si, au contraire, il le laisse expirer sans se libérer, les polices stipulent toujours que la Compagnie ne sera pas responsable des accidents, et que cette déchéance aura lieu sans qu'il soit besoin d'aucune mise en demeure, l'assuré restant, néanmoins, tenu de payer les primes échues ou à échoir. La garantie de la Compagnie ne reprend son effet que vingt-quatre heures après le paiement des primes échues et des frais judiciaires.

Les polices sont généralement souscrites pour une durée de dix années, à moins, bien entendu, de stipulation contraire. Le cas où des modifications quelconques se produiraient dans le risque assuré est prévu par le contrat. A cet égard, une police s'exprime ainsi : « L'assuré est tenu de déclarer immédiatement à la Compagnie toute addition qu'il fera au risque et de payer l'augmentation de prime proportionnelle, à peine, en cas de sinistre, et tout en restant obligé à cette régularisation, d'être déchu de ses droits à l'assurance, même pour les objets désignés par la police. — Le changement de profession ou de domicile de l'assuré, les agrandissements, diminutions ou modifications quelconques apportés au risque ne donnent pas droit à la résiliation de la police ; il y a lieu seulement à déclarer la modification survenue, et, suivant le nouveau risque, à augmenter la prime ou à la diminuer, d'après le tarif. — L'incendie suspend l'effet de l'assurance jusqu'au jour de la réinstallation de l'assuré. »

Une autre police contient les conditions suivantes : « Les changements de domicile, agrandissements, diminution ou modification quelconque dans les objets assurés, n'annulent pas la police ; mais alors la prime afférente au nouveau risque est augmentée ou diminuée d'après le tarif. — La police n'est point annulée par le changement de profession de l'assuré, ni par l'incendie partiel ou total du risque ; l'effet de l'assurance est seulement suspendu jusqu'au jour de la réinstallation de l'assuré. »

Citons enfin la clause suivante, que nous relevons dans la police d'une autre Compagnie : « Par tout changement, tout agrandissement ou toute diminution quelconque faits chez l'assuré, ainsi que par son transport dans un autre local ou domicile, et par le changement de sa profession, la police ne peut être annulée ni résiliée ; dans l'un ou l'autre de ces cas, il est alors fait un état des glaces ou carreaux ainsi changés, augmentés ou diminués, et la prime sera diminuée ou augmentée selon le nouveau risque et au tarif déjà appliqué. — L'assuré prend l'engagement de n'apporter aucune modification ni faire exécuter aucun travail qui pourrait aggraver les risques des objets assurés ni à les déplacer sans en avertir la Société. »

Pour toutes ces questions, il faut s'en référer aux clauses et conditions stipulées dans la police, lesquelles doivent être strictement observées de part et d'autre, et ne peuvent manquer d'être, en cas de difficultés, sanctionnées par les tribunaux, car elles sont, en général, très claires et très précises, et se justifient, d'ailleurs, par l'intérêt réciproque des parties.

Il en est de même pour ce qui concerne les formalités à accomplir par l'assuré, en cas d'accidents, et le délai dans lequel ces accidents doivent être déclarés à la Compagnie. Ce délai est, par exemple, de quarante-huit heures ou de trois jours ; et tout accident qui n'est pas déclaré dans le délai de rigueur ainsi fixé reste à la charge de l'assuré, sans recours possible contre l'assureur.

En faisant sa déclaration, l'assuré doit indiquer les circonstances dans lesquelles l'accident s'est produit ; il doit donner les noms des témoins qui y ont assisté, et faire connaître le nom et l'adresse de la personne qui en est l'auteur et qui, par suite, en serait responsable. Cette dernière obligation ne s'applique qu'au cas où l'accident aurait été causé par une personne étrangère à l'assuré ou à sa maison. En effet, la Compagnie, qui n'a pas à exercer de recours contre l'assuré ou contre son personnel, se réserve, au contraire, le droit de réclamer à toute autre personne, auteur responsable de l'accident, les sommes qu'elle est obligée de débourser à l'occasion de cet accident. Ce recours, elle l'exerce comme elle l'entend, à ses risques et périls, soit en son nom, en vertu d'une subrogation expresse qu'elle se fait donner par son assuré, soit, le plus souvent, sous le nom et à la requête de cet assuré lui-même, qui doit, alors, lui donner les pouvoirs nécessaires.

Aussitôt l'accident déclaré, et sans qu'il y ait lieu d'attendre le résultat du recours que peut exercer la Compagnie, celle-ci doit faire immédiatement procéder, soit par des ouvriers à elle, soit par des miroitiers qu'elle met en œuvre, au remplacement des objets brisés, les nouvelles glaces ou les nouveaux carreaux devant être, bien entendu, identiques, à tous les points de vue, à ceux qu'ils remplacent.

Les autres conditions des polices ne nous semblent pas nécessiter de développements particuliers : celles qui sont relatives au droit de résiliation des Compagnies, à la continuation du contrat par les héritiers, représentants, ayants droit ou successeurs de l'assuré, au cas de faillite ou de liquidation judiciaire de celui-ci, au paiement d'une indemnité en cas de résiliation partielle ou totale provenant du fait de l'assuré, enfin à l'attribution de juridiction, sont très sensiblement analogues à celles que nous avons étudiées à propos des autres assurances-accidents, et nous ne pouvons que renvoyer aux explications que nous avons précédemment données.

Bien que l'assurance contre le bris des glaces ait pris, depuis quelques années, un développement assez considérable, les décisions judiciaires qui s'y rapportent ne sont pas très nombreuses ; cela est dû, sans doute, à ce que les conditions qui régissent le contrat sont très claires et très simples. Il nous paraît, toutefois, intéressant, avant de terminer, de faire connaître quelques-unes de ces décisions, que nous relevons dans divers recueils de jurisprudence, et, notamment, dans les *Pandectes françaises* (V. Assurance contre le bris des glaces.)

Le Tribunal de commerce de la Seine a jugé que, lorsque la Compagnie d'assurance invoque une exception, elle doit en faire la preuve, et que si la cause du bris de la glace est ignorée, la présomption est qu'il a été causé par un fait involontaire de l'assuré ou de quelqu'un de sa maison.

Le même Tribunal a décidé, le 25 avril 1879, que la clause obligeant l'assuré à supporter une augmentation de prime, en cas d'addition au risque, n'est pas applicable au cas où cet assuré, laissant intact son magasin couvert par l'assurance, en loue un second qui reste en dehors de la police.

En ce qui concerne le recours à exercer contre l'auteur d'un accident, il résulte d'un jugement de ce Tribunal, du 15 septembre 1875 (*J. des Ass.*, 1879, p. 189), qu'une personne qui a brisé une glace doit payer le montant intégral de son remplacement, et non le prix d'une vitre ordinaire ; en principe en effet, tout fait ou toute imprudence de l'homme qui cause préjudice à autrui doit être réparé dans la mesure même de son importance.

Le Tribunal civil d'Avignon (27 novembre 1888, *Pandectes françaises*, n° 22) a admis le même principe en jugeant que le commerçant qui ferme la devanture de son magasin avec un vitrage de luxe use de son droit et ne commet aucune imprudence ; que, par suite, en cas de bris de la glace de cette devanture, celui auquel l'accident est imputable, ou qui répond du fait de l'auteur, doit réparer en totalité le dommage occasionné ; qu'enfin, l'étroitesse des rues et les dangers de la circulation, à certains endroits, peuvent exiger un surcroît de prudence et de précautions de la part des voituriers, mais ne sauraient diminuer leur responsabilité en cas d'accident.

Certains tribunaux ont cependant cru devoir atténuer la rigueur de ce système en décidant que, suivant les circonstances, il peut y avoir lieu de faire supporter une partie du dommage par le propriétaire qui a eu le tort de placer une glace de prix dans un endroit très fréquenté ou manifestement dangereux, la responsabilité ne devant alors incomber que partiellement à l'auteur de l'accident (Trib. de comm. de Tourcoing, 28 octobre 1884, *J. de l'assureur et de l'assuré*, 1885, p. 23 ; Trib. de Saint-Brieuc, 5 mars 1883, *Rec. pér. des ass.*, 1884, p. 149 ; Trib. civil de la Seine, 12 février 1889, *ibid.*, 1889, p. 309). Enfin, quant au sauvetage, le jugement précité du Tribunal civil d'Avignon a jugé que, s'il est prouvé que les morceaux subsistants de la glace brisée ont une valeur quelconque, cette valeur peut être déduite du prix de la glace fournie en remplacement.

ASSURANCE CONTRE LA MORTALITÉ DU BÉTAIL.

L'assurance contre la mortalité du bétail rentre, avec quelques autres (assurances contre la grêle, contre la gelée, contre l'inondation) dans le groupe des assurances dites « agricoles », quoiqu'elle puisse s'appliquer et que, en fait, elle s'applique souvent à des risques urbains : quand il s'agit, par exemple, de chevaux employés et séjournant à l'intérieur des villes.

Elle a pour objet de garantir les assurés contre les pertes résultant pour eux de la mort de leurs bestiaux survenue soit à la suite d'une maladie isolée, soit au cours d'une épizootie, soit à la suite d'un accident. Elle s'étend à tous les animaux, dits « de ferme », c'est-à-dire appartenant aux espèces chevaline, mulassière, asine, bovine, ovine, porcine et caprine. Elle ne fonctionne, à peu près exclusivement, que sous la forme de la mutualité, et est, par suite, soumise à toutes les conditions d'existence, de durée, etc., qui caractérisent ce mode d'assurance.

Les polices stipulent, en général, que l'assureur ne doit aucune indemnité pour les sinistres résultant de maladies ou d'accidents antérieurs à l'admission à l'assurance, ni pour ceux arrivés avant l'expiration d'un délai de quinze jours à partir de l'effet de la garantie, ou d'un délai de neuf jours après la date de l'admission de la police. Des délais spéciaux sont stipulés pour les cas de morve, de farcin, de castration. Enfin, il peut être convenu que l'assurance ne s'applique pas aux animaux ayant moins de *tel* âge (six mois, par exemple), ou plus de *tel* autre (quinze ans, ou plus ou moins).

Ces clauses, et toutes les autres semblables, ne présentant aucune ambiguïté, et n'étant nullement contraires à l'ordre public, les tribunaux ne peuvent, sans excès de pouvoirs, se refuser à les appliquer, du moment qu'elles ont été librement consenties. Ainsi, en matière d'assurance contre la mortalité du bétail, la Cour de cassation a décidé, par arrêt du 27 avril 1881 (Dalloz, *Recueil périodique*, 81. 1. 440) que la clause d'une police qui reporte à une date postérieure à l'effet de cette police l'époque à laquelle les risques seront à la charge de l'assureur, est licite et obligatoire, et que la responsabilité d'un sinistre survenu avant le moment fixé comme point de départ des risques ne peut être mise à la charge de l'assureur. L'assuré ne saurait prétendre que l'encaissement de la prime avant cette époque a eu pour conséquence de rendre la police définitive, et qu'il ne peut appartenir à l'assureur de retarder indéfiniment, à son gré, le moment où l'assurance commencera à prendre effet; un jugement ne peut donc, sans méconnaître la force obligatoire qui s'attache aux conventions des parties, refuser d'appliquer les stipulations parfaitement licites de la police à cet égard.

La prime ou cotisation est fixée conformément au tarif, et d'après les déclarations de valeurs des risques faites par l'assuré; elle se paie soit d'avance, soit à terme échu, annuellement, à moins de stipulation contraire, à la date déterminée par la police, et avec bénéfice du délai de grâce généralement convenu.

Le contrat renferme presque toujours une attribution spéciale de juridiction pour les difficultés auxquelles peut donner lieu le paiement des cotisations; et, à cet égard, la septième chambre du Tribunal civil de la Seine a rendu, le 8 novembre 1890 (*Moniteur des assurances*, 15 juin 1891, p. 195) un jugement intéressant sur cette question de compétence en matière de paiement de cotisations d'assurance contre la mortalité du bétail; il en résulte que la prorogation de compétence autorisée par l'article 7 du Code de procédure civile peut être stipulée d'avance par convention écrite et signée; qu'une telle stipulation n'a rien de contraire à l'ordre public, et qu'en conséquence, il est loisible à une Compagnie d'assurance et à un assuré de convenir par écrit dûment signé que leurs différends éventuels, portant sur des objets déterminés, seront jugés, même en dernier ressort, par un juge de paix, qui ne serait ni celui du défendeur, ni celui de la situation de l'objet litigieux.

Il convient, en effet, d'observer que la règle *actor sequitur forum rei* est édictée en faveur du défendeur, qui, s'il est capable, peut renoncer à s'en prévaloir, soit en s'abstenant d'opposer *in limine litis* l'incompétence, soit en déclarant d'avance qu'il attribue juridiction à un tribunal autre que le sien. L'ordre public ne serait violé et la clause nulle que si elle avait pour but, sous prétexte de prorogation de compétence, de donner compétence à un juge incompétent *ratione materiæ*, et si, au lieu d'étendre chez le juge une compétence existant en sa personne, elle entendait lui en conférer une que la loi lui aurait refusée. D'autre part, l'appel étant une voie de recours ouverte aux parties dans les cas déterminés par la loi, il est loisible à celles-ci, sans porter atteinte à l'ordre public, soit de s'abstenir de faire appel et de renoncer implicitement à la faculté que la loi leur a donnée, soit d'y renoncer explicitement en déclarant d'avance que la sentence du premier juge sera en dernier ressort.

On ne saurait, du reste, assimiler la clause de prorogation de compétence à une clause compromissoire (article 1006 du Code de procédure civile), puisqu'elle n'est que l'extension, par la volonté des parties, des pouvoirs donnés par la loi au juge, tandis que le compromis a pour but et pour effet de donner les pouvoirs du juge à de simples particuliers, et de leur créer une compétence qui n'existe nullement en leur personne. Au surplus, l'assimilation fût-elle possible, que la clause d'extension de compétence serait encore valable puisqu'elle détermine l'objet du litige (poursuites en paiement de primes) et désigne clairement celui qui doit juger ce litige (juge de paix du siège social).

Rappelons que, quand il s'agit d'une Société d'assurances mutuelles, c'est la juridiction civile qui est seule compétente, à l'exclusion de la juridiction commerciale.

L'assuré doit faire comprendre dans son assurance tous les risques qu'il possède au moment où il contracte la police, et faire connaître à la Société tous les changements qui viennent à se produire au cours du contrat. A cet égard, nous trouvons dans une police les stipulations suivantes : « La police doit comprendre obligatoirement tous les risques de même nature ou espèce appartenan tau sociétaire dans la même commune. — La police doit comprendre tous les animaux de même espèce appartenant au sociétaire, et énoncer, pour chacun d'eux, le signalement, l'emploi, le régime de nourriture et la valeur marchande. — Si, pendant le cours de l'assurance, il survient un changement de situation, de destination, de valeur, une aggravation dans les risques assurés, ou s'il y a une augmentation de nombre ou de quantité, remplacement ou échange de risques de même nature, lesquels doivent être soumis de droit à l'assurance, la déclaration doit en être faite par le sociétaire, par lettre recommandée, adressée à la direction, au siège social à Paris, à peine de déchéance de tout droit à une indemnité en cas de sinistre ».

Une autre police s'exprime ainsi : « L'assurance doit comprendre tous les animaux de la même espèce appartenant à la même personne dans une même commune. — Si, dans le cours de l'assurance, il survient des changements dans le nombre, la situation, la destination ou le prix des animaux assurés, la déclaration doit en être faite immédiatement au siège social ou dans les agences de la Société. A défaut par le sociétaire de faire aucune déclaration de changement, et si celle-ci n'est pas parvenue au siège social un mois avant la date fixée pour le paiement de sa contribution sociale, il est considéré comme n'ayant pas de changement et soumis au paiement de la même contribution que l'année précédente. Les animaux acquis en remplacement de ceux qui sont morts, au sujet desquels il a été accordé une indemnité, ne sont couverts de la garantie de la Société qu'après avis du remplacement, que l'assuré devra faire parvenir à la direction par lettre chargée et après paiement du supplément de cotisation pour le temps à courir depuis le jour du remplacement jusqu'au jour de l'échéance de la prochaine quittance de cotisation. Qu'il y ait eu sinistre ou non, aucun changement ne sera apporté à la contribution sociale de l'année suivante, si le sociétaire ne fait pas de déclaration dans les formes et délais prescrits dans les premiers paragraphes du présent article. Faute par le sociétaire de se conformer aux dispositions qui précèdent, il ne pourra prétendre à aucune indemnité sur les animaux dont l'achat ou le remplacement n'auront pas été déclarés ».

Ces conditions, comme d'ailleurs toutes les autres, doivent être strictement exécutées, et les tribunaux ne peuvent se refuser à les sanctionner ; elles constituent au profit de l'assureur des clauses pénales dont il est en droit d'exiger l'accomplissement régulier et immédiat (Liège, 31 mars 1886, *Pasicrisie belge*, 86, 3. 272).

Le Tribunal civil d'Autun a décidé que l'assuré qui ne déclare pas l'âge véritable d'un animal compris dans l'assurance est déchu du bénéfice du contrat, de même qu'il le serait pour défaut de paiement de cotisation supplémentaire, si la déchéance était stipulée dans les conditions de la police (*Pandectes françaises*, v° Assurances agricoles, n° 61).

Il a été jugé par le Tribunal civil de la Seine, le 3 décembre 1881 (*ibid.*, n° 65) que s'il est stipulé que l'assuré doit comprendre dans la police tous les risques de même nature, une déclaration inexacte et incomplète, de sa part, du nombre de ses animaux doit le faire déclarer déchu de toute indemnité, en cas de sinistre (Voir encore : Tribunal civil de la Seine, 14 avril 1880 ; Bonneville de Marsangy, troisième partie, p. 249).

Quand la police porte que, si les animaux achetés en remplacement des animaux vendus sont substitués de plein droit à l'assurance qui couvre ces animaux, c'est à la condition formelle que la vente et le remplacement auront été déclarés préalablement à la Société, la substitution de l'assurance n'a lieu de plein droit, en faveur des animaux achetés en remplacement des animaux assurés non sinistrés, qu'à la condition formelle que la vente et le remplacement aient été préalablement déclarés à la Société. En effet, la suspension de l'assurance, en cas de substitution d'un animal à un autre, répond à un intérêt réel pour l'assureur, qui doit être mis à même de vérifier si le nouvel animal est véritablement assurable (Tribunal civil de la Seine, 18 avril 1888, *Droit* du 15 juin 1888).

Quand une maladie survient, ou quand un accident se produit, les polices indiquent le délai dans lequel la déclaration doit en être faite à la Société et les mesures que doit prendre l'assuré, le tout sous des pénalités strictement déterminées.

Une police contient, à ce sujet, les dispositions suivantes : « En cas de sinistre, l'assuré doit en faire la déclaration à la direction par lettre chargée. L'assuré, si cette déclaration n'est pas faite dans les trois jours qui suivront le sinistre, subit une retenue d'un cinquième de l'indemnité à laquelle il a droit ; si le retard de la déclaration excède huit jours, l'assuré sera déchu de tout droit à indemnité, tout en restant tenu de ses obligations envers la Société ».

Une autre police s'exprime ainsi : « Si un accident, une maladie, un sinistre arrive dans le bétail, le sociétaire doit en adresser l'avis dans les vingt-quatre heures à l'administration, au siège social à Paris. Pour chaque jour de retard à envoyer cet avis, le sociétaire subira une retenue d'un dixième de l'indemnité qui pourra lui revenir, et si ce retard dépasse huit jours, le sociétaire sera déchu de tout droit à une indemnité, tout en restant tenu de toutes ses obligations envers la Société ».

Il nous paraît utile de signaler ici quelques décisions judiciaires intéressantes qui sont rapportées par les *Pandectes françaises* (*ubi supra* n°ˢ 62 et suiv.). Ainsi, il a été jugé que, lorsqu'il est stipulé qu'en cas de maladie ou d'accident sur les bestiaux soumis à l'assurance, l'assuré est tenu d'en prévenir la Société dans les vingt-quatre heures, à peine de déchéance, cette clause est valable, et la déchéance doit être prononcée (Tribunal civil de la Seine, 19 août 1882) ; — que l'assuré qui n'a pas fait la déclaration du décès de l'animal dans le délai déterminé par la police n'a droit à aucune indemnité, la Société ayant été mise dans l'impossibilité de vérifier si l'animal mort était compris parmi ceux qui étaient assurés, et pouvant, par suite, valablement opposer la déchéance (même Tribunal, 13 août 1878).

La Cour d'appel de Paris a décidé, le 29 janvier 1886 (*Recueil périodique des Assurances*, 1886, p. 123) que la clause des polices qui impartit à l'assuré un délai pour déclarer l'accident, et ce, sous peine de déchéance, est licite et obligatoire, et que, si l'assuré manque à cette obligation, il encourt la déchéance prévue. Mais ce n'est pas le fait lui-même, constitutif de l'accident, qui sert de point de départ aux délais fixés pour la déclaration, mais bien le moment où les conséquences de ce fait se sont manifestées d'une manière grave : « Considérant, dit l'arrêt cité, que l'animal, blessé depuis environ un mois, a cessé de travailler dès le 25 avril; que, dans ces circonstances, l'assuré eût dû aviser la Société, conformément à son contrat, du fait qui était de nature à engager la responsabilité de l'assureur, dès le 25 avril, lorsque la gravité de l'état du cheval lui était révélée par la cessation de travail ».

« Il y a, dans cette matière, une part très large réservée à l'appréciation du juge : en effet, un accident ne se qualifie, au point de vue de l'assurance, que par les conséquences plus ou moins graves qu'il peut produire ; or, celles-ci ne se manifestent parfois que tardivement, ce qui rendrait impossible une déclaration immédiate. Aussi la jurisprudence reconnaît-elle aux tribunaux, pour l'application des clauses de cette nature, un pouvoir d'appréciation leur permettant de proroger, dans les limites jugées par eux nécessaires, les délais impartis par le contrat (Voir, notamment : Douai, 23 août 1883, *Recueil périodique des Assurances*, 1884, p. 90 ; — Trib. de la Seine, 26 mars 1884, *ibid.*, 1884, p. 350 ; — Trib. de Lyon, 8 décembre 1869, Bonneville de Marsangy, troisième partie, page 148) ».

Pour les autres clauses et conditions de l'assurance, il n'y a qu'à s'en référer au texte même des polices, qui est, en général, très clair et très explicite.

La question des épizooties joue un rôle trop considérable, en matière d'assurance contre la mortalité du bétail, pour qu'il ne soit pas intéressant, avant de terminer, de signaler ici la loi du 22 juillet 1881, sur la police sanitaire des animaux. Le titre Ier détermine les maladies contagieuses des animaux et les mesures sanitaires qui leur sont applicables ; le titre II fixe les indemnités que l'État doit payer aux propriétaires d'animaux abattus par suite de maladies contagieuses ; le titre III réglemente l'importation et l'exportation des animaux ; le titre IV établit les pénalités encourues pour contravention aux dispositions de la loi ; enfin, le titre V est consacré à des dispositions générales. Cette loi qui, à la date du 22 juin 1882, a été suivie d'un décret en 101 articles portant règlement d'administration publique sur la police sanitaire des animaux, a abrogé la législation antérieure relative au même objet.

ASSURANCE CONTRE LA GRÊLE.

L'assurance contre la grêle a pour objet de garantir les agriculteurs, les cultivateurs contre les pertes que peut leur causer la grêle s'abattant sur leurs récoltes, pertes qui sont parfois considérables. Cette branche d'assurance est exploitée, soit à Paris, soit dans les départements, par un certain nombre de Compagnies à primes fixes et de Sociétés mutuelles. La question des tarifs joue ici un rôle capital : s'il est une branche d'assurance qui permette et qui légitime des tarifs très rémunérateurs, plus rémunérateurs même qu'il ne paraît nécessaire tout d'abord, c'est bien la branche-grêle : il faut, dans les années favorables, constituer de fortes réserves en vue des années fâcheuses.

Toute personne intéressée à la conservation d'une récolte peut la faire assurer : ainsi, la récolte peut être assurée par le fermier, métayer, colon, usufruitier ou possesseur à un titre quelconque ; mais l'assuré doit, au moment du contrat, déclarer en quelle qualité il agit. L'usufruit et la nu-propriété sont deux droits parfaitement distincts, et l'usufruitier ne peut, dans aucun cas, être considéré comme le mandataire de son propriétaire. Spécialement, l'assurance contre la grêle contractée par l'usufruitier dans son intérêt propre, et non dans celui du nu-propriétaire, ne lie point celui-ci et prend fin au décès de l'usufruitier, alors surtout que la Compagnie d'assurance a traité avec ce dernier, en vue de sa qualité d'usufruitier, expressément spécifiée au contrat (Toulouse, 24 mars 1885, *Pandectes françaises périodiques*, 88. 1. 267). Par suite, l'assureur n'a pas d'action contre le nu-propriétaire, dès l'instant que le juge du fond a constaté, en fait, que l'usufruitier n'a entendu contracter ni comme mandataire tacite, ni comme *negotiorum gestor* du nu-propriétaire ; l'exécution des clauses de la police par un séquestre nommé par justice, après la mort de l'usufruitier, à l'effet de pourvoir à l'administration du domaine assuré contre la grêle par ce dernier, ne lie pas le nu-propriétaire, et l'assurance, ne doit, de son chef, être considérée comme maintenue, ni pour la durée du contrat primitif, ni même pour l'année à dater du décès de l'usufruitier ; il en est, du moins, ainsi alors que la décision attaquée déclare que ce séquestre a simplement agi à l'effet de sauvegarder sa responsabilité, sous la réserve du droit du nu-propriétaire de faire déclarer que le contrat lui est étranger (Cass., 9 novembre 1887, *ibid.*).

Au point de vue de l'étendue de l'assurance, la police d'une Compagnie s'exprime ainsi : « L'assurance d'une nature de récolte entraîne l'obligation de comprendre au contrat la totalité des récoltes de même nature, alors même que ces récoltes dépendraient de plusieurs exploitations et seraient situées sur plusieurs communes limitrophes, et ce, sous peine pour l'assuré de n'avoir droit à aucune indemnité en cas de sinistre. — Toutes les parties intégrantes et utiles de la récolte sont comprises dans l'assurance. » Une autre police contient la clause suivante : « L'assurance d'une nature de récolte comprend obligatoirement toutes les récoltes de cette nature dépendant d'une même exploitation. — Toutes les parties de la récolte sont comprises dans l'assurance ». Nous trouvons dans un autre contrat cette disposition : « La police doit comprendre obligatoirement tous les risques de même nature ou espèce appartenant au sociétaire dans la même commune. » Ce même contrat spécifie que la Société ne garantit que les dommages causés par la chute matérielle des grêlons, et qu'elle n'admet pas à l'assurance les risques situés dans les régions ou localités qui ont été grêlées plus de trois fois en dix ans.

Ces conditions sont absolument valables, et le Tribunal civil de la Seine (29 décembre 1892) en a sanctionné une semblable, en déclarant déchu de tout recours contre la Compagnie l'assuré qui, contrairement aux termes d'une police portant qu'il s'engageait, sous peine de déchéance en cas de sinistre, à faire garantir toutes les récoltes assurables de la même classe qu'il possédait dans la même commune ou dépendant de la même exploitation, avait augmenté son assolement de plus de moitié sans en aviser la Compagnie (*Journal de l'assureur et de l'assuré*, mars 1893).

Nous trouvons encore dans les *Pandectes françaises* (v° Assurances agricoles, n°ˢ 15 et suiv.) diverses décisions intéressantes à signaler, et qui toutes ont sanctionné la clause qui nous occupe : ainsi, un arrêt de la Cour d'Agen, du 5 décembre 1882 ; un arrêt de la Cour de Bordeaux du 16 mars 1887, d'après lequel, lorsqu'il a été stipulé que la police couvrirait toutes les récoltes de même nature dépendant de la même exploitation, alors même que celle-ci s'étendrait à plusieurs communes limitrophes, c'était par le mode de culture et par leur qualité qu'il fallait déterminer si des récoltes de même nature composaient ou non une même exploitation. Toutefois, la Cour de Lyon a jugé le 22 janvier 1889 que le droit de la Compagnie ne peut aller jusqu'à exiger que des parcelles de terre, comprises au début dans l'assurance comme portant des récoltes de même espèce, demeurent indéfiniment assurées, bien qu'elles aient cessé d'en porter ; il en est ainsi notamment en ce qui concerne un propriétaire de vignes envahies par le phylloxera, dont les unes disparaissent par suite de la marche envahissante du fléau, tandis que des vignes nouvelles sont reconstituées sur d'autres parties du domaine.

Chaque année, avant l'époque déterminée par le contrat, l'assuré doit faire connaître à la Compagnie ou à la Société les modifications apportées par lui dans ses ensemencements, ainsi que les rendements espérés de ses diverses cultures : c'est ce qu'on appelle les déclarations d'assolement, qui, sous forme d'avenants, sont annexées à la police. Les parties peuvent, en même temps, et d'un commun accord, modifier le prix attribué à l'unité de rendement pour chaque espèce de récolte. Les déclarations d'assolement doivent comprendre les mêmes détails que la police.

Le Tribunal civil d'Orange a jugé le 22 mars 1893 (*Journal de l'assureur et de l'assuré*, avril 1893, p. 66), qu'on doit appliquer la clause fixant, pour déclarer un changement d'exploitation, une date après laquelle l'assuré ne peut formuler la demande en réduction de prime, et doit, pour l'année en cours, l'entier montant de la prime convenue ; en effet, les clauses d'une police d'assurance doivent être interprétées et exécutées d'après l'esprit, la nature et le texte du contrat, et conformément à l'intention des parties ; et lorsque de telles clauses ne sont point infectées de dol et de fraude, elles ne sont pas simplement comminatoires, et doivent être exécutées dans leur rigueur, sans mise en demeure préalable ou tout autre tempérament.

La déchéance, en cas de non déclaration d'assolement avant l'époque fixée, a été encore sanctionnée par un jugement du Tribunal d'Auxerre, du 17 février 1864 (*Journal des Assurances*, 1864, p. 183). Des atténuations à la stricte exécution de cette clause ont cependant été quelquefois admises par les tribunaux, dans certaines circonstances de fait, qu'il ne conviendrait pas, toutefois, de trop vouloir étendre par voie d'analogie (voir, notamment : Tribunal civil de la Seine, 30 avril 1866, *Journal des Assurances*, 1866, p. 436 ; Cassation, 5 mars 1879, *Pandectes françaises*, v° Assurances agricoles, n° 27). Ce dernier arrêt a jugé que, dans une Société d'assurances mutuelles contre la grêle, l'assuré qui n'a pas, avant l'époque fixée impérativement par les statuts, régularisé sa déclaration quant aux terres assurées, peut cependant être considéré comme n'ayant pas encouru la déchéance statutaire, s'il avait déjà fait, avant l'époque voulue, des démarches préparatoires, et s'il avait été alors convenu avec l'agent de la Société que la déclaration serait ultérieurement signée. Et il en doit surtout être ainsi quand, les années précédentes, les déclarations de l'assuré avaient été tardives, et n'en avaient pas moins donné lieu, en faveur de la Société, à la perception des cotisations dues pour les terres déclarées ; une dérogation aux statuts s'est, de la sorte, établie, et l'assuré doit en profiter, comme la Société en a profité elle-même.

Quand un sinistre se produit, l'assuré doit le déclarer à la Société assureur dans des formes et des délais qui sont nettement déterminés par le contrat ; par exemple, suivant une police, dans les cinq jours du sinistre pour les grêles antérieures au premier juillet, et dans les trois jours pour celles postérieures à cette date.

Sur ces questions, comme pour ce qui concerne le mode et les conditions de réglement des indemnités, il faut se référer aux clauses de la police, qui sont, en général, très explicites et doivent être strictement appliquées.

Les contrats laissent généralement à la charge des assurés une certaine proportion de la perte (un vingtième ou deux vingtièmes de la valeur de la récolte), le surplus seul de la perte devant être supporté par l'assureur. Il a été jugé par le Tribunal civil de la Seine, le 28 décembre 1891 (*Moniteur des Assurances*, 15 juin 1892, p. 227) que, lorsque, dans une police d'assurance contre la grêle, il est stipulé que si la perte ne s'élève pas au-dessus du vingtième, il n'y a pas lieu à déclaration ni, par suite, à indemnité, ce vingtième doit être calculé, à moins de stipulations claires, expresses et précises insérées dans la police, sur l'ensemble des terres comprises dans l'assurance, et non pas sur chaque parcelle envisagée séparément ; et qu'en outre, la clause de la police d'après laquelle les frais d'expertise sont supportés moitié par l'assuré, moitié par la Société, ne vise que les expertises contradictoires, et non les évaluations faites par la Compagnie seule, et acceptées par l'assuré ; ce ne sont pas là des expertises au sens juridique du mot, mais des constatations inhérentes au fonctionnement de la Société.

Il a encore été jugé (Paris, 16 décembre 1875, et Cass., 19 juin 1876, D. P. 77. 1. 222) qu'une Compagnie d'assurance qui s'est reconnue débitrice du montant de l'indemnité due pour sinistre n'est plus recevable à proposer une interprétation de ses statuts d'après laquelle l'assuré serait déchu du bénéfice du contrat, faute de paiement de la prime, alors qu'il n'a pas été mis en demeure de la payer ; ou d'après laquelle le chiffre de l'indemnité serait modifié, alors surtout que les statuts ne paraissent pas avoir été portés à la connaissance des juges de fond ; mais la Compagnie a le droit de retenir, sur le montant de l'indemnité, la valeur des primes impayées.

Assurance contre la gelée.

Quelques Sociétés d'assurance mutuelle contre la grêle ont eu l'idée d'ajouter à leurs opérations l'assurance contre la gelée ; mais tous les dangers qui sont à craindre pour la branche-grêle sont bien plus redoutables pour la branche-gelée : aux variations encore plus grandes, et qu'aucun calcul humain ne peut arriver à prévoir, s'ajoute ce fait particulier, que les ravages causés par la gelée sont toujours beaucoup plus étendus que ceux, souvent locaux et restreints, qu'occasionne la grêle, indépendamment de la quasi-impossibilité de contrôle et de constatation des sinistres.

Nous trouvons dans la police d'une Société qui pratique ce genre d'assurance, cette clause qu'il n'est admis aucune assurance contre la gelée, si les risques ne sont pas assurés préalablement contre la grêle. On n'admet pas non plus à l'assurance les risques situés dans les régions qui ont été gelées pendant trois années consécutives, avec perte dépassant le cinquième de la récolte.

Malgré les tentatives qui ont été faites, nous ne pouvons mieux terminer qu'en citant ces lignes de M. A. de Courcy : « Presque tous les fléaux de l'agriculture sont non assurables. Nous en avons dit la raison ; les accidents ne sont pas particularisés, indépendants les uns des autres. Ils sont solidaires. Quand le fléau sévit, il ravage des régions, des contrées entières.... Assurera-t-on les vallées des fleuves contre l'inondation ? Oubliera-t-on que le niveau des eaux est une loi inflexible, et qu'à un certain degré d'élévation il n'y aura pas de campagnes épargnées ? Assurera-t-on les plaines de la Hollande contre la rupture de ses digues ? »

E. PAGOT.

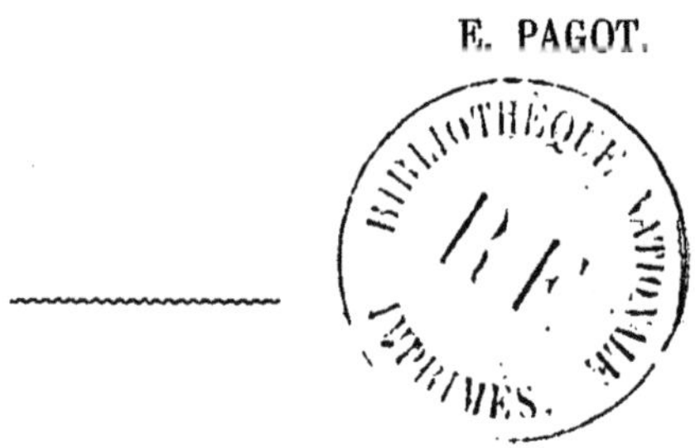

TABLE DES MATIÈRES

Introduction et Généralités   1

PREMIÈRE SECTION :

ASSURANCES CONTRE LES ACCIDENTS MATÉRIELS   4 à 43

Assurances contre les accidents des chevaux et voitures

   § 1er. — Assurance contre les accidents causés aux tiers (assurance directe).

     A. — *Obligations de l'assuré* . . . .   9 à 27

       Objets assurés   9

       Durée du contrat   17

       Faillite   21

       Accidents   22

       Remise des pièces de procédure   25

       Appel en garantie de l'assureur   27

     B. — *Obligations de l'assureur* . . . .   27 à 35

       Étendue de la garantie   28

   § 2. — Assurance contre les accidents éprouvés par les chevaux et voitures de l'assuré.   35 à 44

       Contre-assurance simple   36

       Contre-assurance étendue   40

       Tierce-assurance   41

DEUXIÈME SECTION :

ASSURANCES CONTRE LES ACCIDENTS CORPORELS   44 à 132

       Observations préliminaires   44

       Définition. — Généralités   46

       Calcul de la prime   48

       Étendue de l'assurance   53

       De l'indemnité   56

A qui doit être payée l'indemnité. 77
Compétence. 83
De l'action en garantie. 90
Action de l'ouvrier. 97
De la subrogation. 111
Assurance de responsabilité. 116
Assurance individuelle. 123

TROISIÈME SECTION :

ASSURANCES DIVERSES. . . . . 132 à 148
Assurance contre le bris des glaces 132
Assurance contre la mortalité du bétail 138
Assurance contre la grêle. 144
Assurance contre la gelée. 148

IMPRIMERIE CENTRALE DES ASSURANCES. — IMPRIMERIE L. WARNIER ET Cie,

PARIS, 30, RUE LE PELETIER, 30, PARIS